EL PADRENUESTRO

EL PADRENUESTRO

David Pawson

Anchor Recordings

Copyright © 2025 David Pawson Ministry CIO

Originalmente publicado en inglés con el título:
The Lord's Prayer

El derecho de David Pawson a ser identificado
como el autor de esta obra ha
sido afirmado por él de acuerdo con la
Ley de Copyright, Diseños y Patentes de 1988.

Traducido por Alejandro Field

Esta traducción internacional en español se publica
por primera vez en Gran Bretaña en 2025 por
Anchor, que es el nombre comercial de David Pawson Publishing Ltd
Synegis House, 21 Crockhamwell Road,
Woodley, Reading RG5 3LE

Ninguna parte de esta publicación podrá ser reproducida o
transmitida de ninguna forma o por ningún medio, electrónico
o mecánico, incluyendo fotocopia, grabación o ningún sistema
de almacenamiento o recuperación de información,
sin el permiso previo por escrito del editor.

Las citas bíblicas son tomadas de La Santa Biblia,
Nueva Versión Internacional®.NVI® Propiedad literaria
© 1999 por Biblica, Inc. Usado con permiso.

PARA DESCARGAS GRATUITAS
www.davidpawson.org

Si desea más información, envíe un e-mail a
contact@davidpawsonpublishing.com

ISBN 978-1-917360-13-5

Impreso por Ingram

Índice

El Padrenuestro	9
Padre nuestro que estás en el cielo	11
Santificado sea tu nombre	21
Venga tu reino	33
Hágase tu voluntad	45
Danos hoy nuestro pan cotidiano	55
Perdónanos nuestras ofensas, como también hemos perdonado	65
Y no nos dejes caer en la tentación, sino líbranos del maligno	77
Finalizar en alabanza	89

Este libro está basado en una serie de charlas. Al tener su origen en la palabra hablada, muchos lectores encontrarán que su estilo es algo diferente de mi estilo habitual de escritura. Es de esperar que esto no afecte la sustancia de la enseñanza bíblica que se encuentra aquí.

Como siempre, pido al lector que compare todo lo que digo o escribo con lo que está escrito en la Biblia y, si encuentra en cualquier punto un conflicto, que siempre confíe en la clara enseñanza de las escrituras.

David Pawson, 1930 - 2020

Mateo 6:9–15 *(NVI)*

"Ustedes deben orar así:

'Padre nuestro que estás en el cielo,
santificado sea tu nombre.
Venga tu reino.
Hágase tu voluntad
en la tierra como en el cielo.
Danos hoy nuestro pan cotidiano.
Perdónanos nuestras ofensas,
como también nosotros hemos perdonado a nuestros ofensores.
Y no nos dejes caer en tentación,
sino líbranos del maligno'.

Porque si perdonan a otros sus ofensas, también los perdonará a ustedes su Padre celestial. Pero si no perdonan a otros sus ofensas, tampoco su Padre perdonará a ustedes las suyas".

Ver también Lucas 11:2-4

PADRE NUESTRO QUE ESTÁS EN EL CIELO

Cuando la gente dice que, si todo el mundo viviera según el Sermón del Monte no necesitaríamos nada más, me inclino a estar de acuerdo. El problema es que aún no he conocido a nadie que pudiera hacerlo. Los que dicen ese tipo de cosas por lo general no conocen el Sermón del Monte y no se dan cuenta de lo mucho que dice sobre la oración, el ayuno y todo tipo de cosas.

"Cuando oren, no sean como los hipócritas, porque a ellos les encanta orar de pie en las sinagogas y en las esquinas de las plazas para que la gente los vea". A menudo me preguntaba si alguien haría eso, al menos en Gran Bretaña. Pero cuando estuve en Arabia descubrí que había un musulmán, un hombre de cierta posición, que solía ir deliberadamente al cruce principal en el centro de la ciudad justo a la hora de la oración, para que lo encontraran en el lugar más público a mediodía. La gente lo llamaba, en árabe, "el hombre que oraba en las esquinas".

Jesús nació en el tipo de mundo en el que la gente exhibía su piedad. Nosotros podemos hacerlo de otras maneras. Él dijo: "Les aseguro que ya han obtenido toda su recompensa". Serán recompensados por ello, pero su recompensa será simplemente lo que los hombres digan de ellos. "Pero tú, cuando te pongas a orar, entra en tu cuarto, cierra la puerta y ora a tu Padre, que está en lo secreto. Así tu Padre, que ve lo que se hace en secreto, te recompensará. Y al orar, no hablen solo por hablar como hacen los gentiles, porque ellos se imaginan que serán escuchados por sus muchas palabras. No sean como ellos, porque su Padre sabe lo que ustedes necesitan antes de que se lo pidan". Este es el

EL PADRENUESTRO

contexto. A continuación, Jesús nos enseñó cómo orar. La mayoría de la gente ora. Muchas personas dicen sus oraciones. La oración es universal en todas las religiones y en todas las razas. No hay nada específicamente cristiano en que la gente ore. Es sorprendente cuánta gente en este país piensa que son cristianos porque dice sus oraciones. Lo que realmente hace que la oración sea cristiana no es tanto *si* oramos o no, sino *lo* que oramos. No es tanto el hecho de que cerremos los ojos y digamos algo a un ser al que llamamos "Dios", sino lo que decimos. De hecho, se ha dicho que se puede saber más sobre la teología y el carácter de una persona estudiando sus oraciones que con cualquier otra cosa. Por supuesto, la mayoría de nosotros no tenemos la oportunidad de hacerlo. Si somos sinceros, creo que la mayoría de los cristianos dirían que es en el ámbito de la oración donde necesitan aprender, más que en ningún otro ámbito. Es aquí donde todos sentimos que estamos en la escuela elemental. Es aquí donde quizá nos resulte más difícil ser un verdadero cristiano. Por lo tanto, es muy fácil que este lado de la vida cristiana decaiga.

Nuestro Señor practicó la oración y también dijo a los demás que lo hicieran. Esto lo convierte en una obligación. No podemos ser cristianos si no oramos. En el Sermón del Monte dijo: *cuando* ayunen, *cuando* den limosna y *cuando* oren. No dijo "si", sino dio por sentado que lo haríamos como parte normal de la vida cristiana.

Una mañana temprano, los discípulos, que dormían sobre sus esteras en una pequeña habitación del pueblo pesquero de Capernaúm, se despertaron al amanecer y al incorporarse miraron a su alrededor. Se dieron cuenta de que la cama donde Jesús se había acostado la noche anterior estaba vacía. Pensaron que lo habían perdido y salieron corriendo a la calle y buscaron de arriba abajo. No estaba allí. Salieron al monte a buscarlo. En lo alto de la ciudad encontraron una pequeña hondonada y allí estaba Jesús orando. Lo escucharon. Nadie había hablado nunca con Dios como Jesús. Cuando terminó, se acercaron y le dijeron:

"Señor, enséñanos a orar". No dijeron: "Enséñanos cómo orar" sino "Enséñanos a orar". ¿Cómo podía Jesús hablar así con Dios? Querían alguna sugerencia, alguna instrucción que los ayudara a hablar con su Padre celestial como él lo hacía. De esta petición nació lo que llamamos la "Oración del Señor". Lo llamamos así, pero usted se da cuenta de que no era una oración que él mismo utilizara, y de hecho era una oración que él no podría haber utilizado. Hay cosas que tenemos que decir en la oración que Jesús nunca tuvo que decir: "Perdónanos nuestras ofensas". Jesús nunca tuvo que decir eso. Solo lo llamamos la "Oración del Señor" porque él nos la dio.

Antes de examinarla en detalle, quiero considerar dos sencillos principios de la oración que enseñó justo antes de esto en el Sermón del Monte. El primero es el más obvio y, sin embargo, tardamos en aprenderlo. *Lo que importa es la calidad de la oración y no su cantidad.* Es una idea pagana que si acumulamos oración es probable que obtengamos más. Cuanto más pongamos en la máquina tragamonedas, más respuestas saldrán por el otro extremo. Es como un sacerdote pagano del Tíbet que hace girar sus ruedas de oración creyendo que cada vez que la rueda gira otra oración ha ido al cielo. O alguien con cuentas y un rosario puede repetir el "Padrenuestro", con la esperanza de que la cantidad de recitaciones se acumule. Pero ninguna de estas cosas llega al oído de Dios. La palabra griega utilizada para "mucho hablar" o "muchas palabras" en Mateo 6:7 es *polulogia*. Jesús está enseñando sobre la oración y esto nos enseña a no pensar que hablar más y más va a ayudar.

Me encanta la historia de la conversión de Sir Wilfred Grenfell. Volviendo una noche a casa desde el hospital universitario de Londres donde se capacitaba para ser médico, vio una gran carpa. Adentro había un evangelista americano predicando. Grenfell entró y se sentó justo en el momento en que se anunció una oración y se invitó a un hermano del lugar a orar. El hombre se levantó y siguió y siguió orando, por todo el mundo, por todos

EL PADRENUESTRO

los continentes, por todos los países y por todas las situaciones imaginables. ¡Vaya que sabía orar! Wilfred Grenfell se levantó para marcharse y podría haberse perdido para Cristo por aquella larga oración, pero el evangelista se levantó y dijo: "Hermanos, cantaremos un himno mientras nuestro hermano termina su oración". Esto cautivó tanto a Grenfell que se volvió en la puerta de la carpa y dijo: "A un hombre tan sensato como ése quiero oírlo". Se sentó, y al final de la reunión se hizo cristiano.

No piense que será escuchado por hablar mucho. Eso no llamará la atención de Dios. Él no necesita que le digan una cosa una y otra vez. Nosotros necesitamos pedir, pero no necesita que le digamos. Jesús dijo que él sabe lo que necesitamos antes de que se lo pidamos. Eso plantea una pregunta muy sencilla: ¿por qué pedir si Dios sabe lo que necesito y me ama? Permítame darle una ilustración clásica que responde a esa pregunta. Había un famoso violinista que tenía una hija. Ella también aprendió a tocar el violín, pero con otro profesor que era un músico de segunda categoría. Le preguntaron al padre: "¿Por qué no enseña usted a su hija? ¿Por qué va a un músico mucho peor?". Respondió: "Nada me gustaría más que enseñar violín a mi hija, pero debo esperar a que me lo pida. Hay cosas que no puedo enseñarle hasta que ella esté preparada y venga a pedírmelas".

Esa es la verdadera relación entre padre e hijo. Dios sabe que necesitamos algo, pero hay cosas que no hace por nosotros hasta que estemos listos para recibirlas, y estaremos listos cuando vayamos y se lo pidamos. Nunca tenga la idea de que orar no es pedir. Todo el Padrenuestro es pedir. Casi todas las frases son pedir. Hay una especie de misticismo piadoso que dice que los niveles superiores de la oración van más allá de pedir cosas. No lo crea. Jesús nos dijo que pidiéramos, y su hermosa oración de Juan 17 está llena de peticiones, así que debemos venir y pedir cosas, no porque Dios no lo sepa, sino porque venir y pedir y buscar y llamar significa que estamos preparados.

La oración no se valora por su cantidad, sino por su calidad.

No se trata de su duración, sino de su profundidad. No debemos tener formalidad en la oración, pero sí necesitamos forma en la oración. Esta es una lección que tardamos mucho en aprender. Se ha dicho que sin fervor, la forma se convierte en formalidad, pero sin forma, el fervor se convierte en fiebre. Necesitamos fervor en la oración. Necesitamos profundidad de sentimientos en la oración, por supuesto que sí, pero los sentimientos por sí solos no bastan para hacer una buena oración.

Recuerdo haber estado en una reunión de oración en Belfast hace algunos años. El ministro y yo estábamos sentados ahí, y al salir me susurró. Era justo antes de un servicio donde yo estaba predicando. Dijo: "Bueno, si el ruido es poder, ¡esta noche vamos a pasar un buen rato!". Yo sabía lo que quería decir. Teníamos mucho fervor en esa reunión, mucho ruido, pero le faltaba algo. Hace falta algo más que ruido para tener poder.

Jesús, cuando respondió a la petición "enséñanos a orar", no dijo que había que exaltarse. Dio una forma o modelo de oración. El modelo debe estar lleno de significado y fervor, pero es extraño que la gente no pueda ver que necesitamos tanto fervor como forma. Un modelo de oración lleno de sentimiento es la combinación ideal. En el Antiguo Testamento tenían modelos de oración. Utilizaban los Salmos y *las oraciones*. También en el Nuevo Testamento, los cristianos continuaban con la doctrina de los apóstoles, la comunión, el partimiento del pan y las oraciones. Tenían sus libros de oraciones. No tengo ninguna objeción a un libro de oraciones y espero que usted tampoco. Pero un libro de oraciones sin fervor es la cosa más muerta que puede tener. El fervor sin algún tipo de patrón que lo ayude es solo calor generado que no es específico ni dirigido, así que Jesús dio una forma. No estoy seguro de que quisiera que la usáramos como loros, aunque es útil usarla juntos y en la misma versión, porque así todos podemos orar juntos. Pero dijo: "Cuando oren, oren así". En otras palabras, este es el tipo de oración que debemos orar. Por lo tanto, en sus oraciones privadas, le sugiero que tome el Padrenuestro y

EL PADRENUESTRO

vea si su oración sigue este patrón. El Padrenuestro nos fue dado para usarlo en privado, en nuestra habitación.

Ahora permítanme señalar seis pequeños puntos sobre esta oración. En primer lugar, quiero subrayar una vez más que es una oración muy *breve*. Puede hacerla en unos treinta segundos. Sin embargo, es una de las oraciones más grandes que conozco. Es una oración que puede utilizar en un pequeño hueco del día cuando no tiene nada que hacer. Es interesante que algunos eruditos judíos hayan dicho que no hay una frase en esta oración que no se pueda encontrar en la enseñanza de los rabinos judíos. Eso puede ser cierto, pero yo he leído una versión judía del Padrenuestro y es tres veces más larga. Si hay algo nuevo que Jesús aportó a esta oración, fue darle brevedad.

En segundo lugar, es *sencilla*; directa y fácil de recordar. No es una oración solo para los más instruidos, sino para todos. Los más jóvenes pueden orarla; los moribundos pueden orarla.

En tercer lugar, es una oración *profunda*. Usted puede pensar en esta oración toda su vida y aun así no entenderla plenamente. Me pregunto cuántos entienden realmente lo que significa decir: "No nos dejes caer en la tentación". ¿Usted entiende esa frase? Puede pensar en esta oración toda su vida y aun así permanece fresca.

En cuarto lugar, es una oración *exhaustiva* en el sentido de que lo abarca todo. Si estudia estas seis peticiones, cada una cubre en principio todo un campo de necesidades.

En quinto lugar, es una oración *universal*. Puede llevarla a cualquier parte del mundo. No necesita modificarla, y ha sido traducida a cientos de idiomas. Es tan universal que cualquiera puede orarla.

Por último, es la oración más *exigente* que jamás orará. Yo diría del Padrenuestro que no es tanto una oración como una forma de vida. Si realmente lo ora y lo siente, su vida será totalmente diferente después. Producirá un cristiano reverente, activo, sumiso, dependiente, perdonador y cuidadoso. Esa es una lista de seis cosas que son producidas en su carácter.

Padre nuestro que estás en el cielo

Veamos ahora la primera frase: "Padre nuestro que estás en el cielo". Cada oración necesita un nombre y una dirección. "Padre nuestro" —ahí está el nombre— "en el cielo" —ahí está la dirección. En primer lugar, considere a la persona a quien oramos: "Padre". Por eso se la llama la "oración familiar". Por tanto, es una oración que solo pueden utilizar los hijos. Yo no puedo llamar "papá" al Duque de Edimburgo. Hay algunas personas que pueden; no sé si lo hacen. Espero que lo hagan, o algo aún más familiar. Pero no puedo acercarme a él y llamarlo "papá" porque no es mi padre. Había una persona que era mi papá, y yo y mis hermanas teníamos derecho a llamarlo así. A menos que sea hijo de Dios usted no tiene derecho a usar esta oración. No todo el mundo es hijo de Dios. Un poeta dijo: "El mundo es un orfanato, lleno de gente sin padre". Es una descripción maravillosa. Hasta que no conozca a Jesucristo como Salvador usted es un huérfano; está en un universo sin Padre. Pero cuando ha llegado a conocer a Dios como Padre, entonces el universo se convierte en un lugar muy diferente. Es un universo frío hasta que conoce a Dios como Padre, y entonces se convierte en un hogar. Incluso la próxima vida se convierte simplemente en la casa del Padre, el hogar.

Pienso en la historia de la niña sentada en un vagón de tren. Una persona le dijo: "¿No te da miedo viajar sola?". Ella respondió: "Claro que no, mi papá conduce este tren". Este es el sentimiento que tenemos como hijos de un Padre celestial. "¿No tienes miedo de este gran universo? ¿No tienes miedo de la guerra nuclear? ¿No tienes miedo de los hombres? ¿No tienes miedo de la historia? ¿No tienes miedo de la muerte?". No, claro que no, mi Padre dirige este universo.

La palabra que Mateo y Lucas registran aquí para "Padre" (el griego es *pater*) es una palabra de familia, y la frase que sigue inmediatamente "en el cielo" nos recuerda que nuestro Padre celestial no es exactamente como un papá terrenal; en algunos aspectos lo es, pero en otros no. Es más santo que cualquier padre que haya conocido en la tierra. Significa que es más poderoso que cualquier padre en la tierra. Significa que se siente más herido cuando usted hace algo malo que cualquier otro padre que haya conocido en la tierra.

Yo tuve un padre terrenal maravilloso que, cuando era niño, me castigaba, y me alegro de que lo hiciera. Recuerdo bien esas ocasiones dolorosas, porque fueron pocas. Pero cuando las hubo, fueron terribles. Doy gracias a Dios por un padre terrenal que me castigaba porque me amaba y porque quería que creciera para ser un caballero cristiano. Del mismo modo, si digo "Padre celestial", tengo un padre que hará eso, un padre que no es un abuelo, ni un viejo sentimental que solo malcría a los niños, sino un padre que se toma muy en serio mi carácter y mi vida: el Padre celestial.

La otra palabrita de esta frase inicial que quiero subrayar es "nuestro". Tenga en cuenta que esta oración se dio para uso privado. Se me ha malinterpretado por decir esto y espero que no se me malinterprete ahora: no existe la oración privada. Usted nunca puede orar solo. Por eso, cuando entre en la habitación y cierre la puerta y esté solo, diga: "*Nuestro...*" y "*...danos*". Este es uno de los mejores correctivos en la oración privada que conozco, para evitar que oremos de forma egoísta. Si ora por cosas que puede pedir para los demás, dejará de ser egoísta en su oración. Así que, si su necesidad es salud, entonces también está orando por otros que necesitan salud. Si su necesidad es paz y libertad de preocupaciones, entonces también está orando por otros que están preocupados. Vea lo que esto hace a su oración. No podrá orar sin pensar en los demás. "Padre *nuestro*, da*nos* hoy *nuestro* pan cotidiano". Aun cuando esté solo, utilice el pronombre personal plural y entonces no se olvidará de sus hermanos. Está orando como miembro de una familia, y usted no se olvida del resto de la familia.

Ahora finalmente (y todo esto es simplemente a modo de introducción), permítame mostrarle el asombroso patrón que hay en esta oración. Hay seis peticiones que se dividen en dos lotes de tres. De la uno a la tres se refieren a las necesidades de Dios y de la cuatro a la seis a las nuestras. ¿Nota el orden? Ore por lo que

Padre nuestro que estás en el cielo

Dios quiere antes de orar por lo que usted necesita, y su oración será saludable. Ore primero por lo que usted necesita, y su oración no será saludable. Padre, *tu* nombre, *tu* reino, *tu* voluntad; luego *nuestro* pan, *nuestro* pecado, *nuestra* liberación. Ese es el orden de la oración. Examine su oración privada. ¿Empieza pidiendo lo que Dios quiere? Así es como Jesús nos enseñó a orar, y eso, de nuevo, da una hermosa perspectiva a la oración.

Hay incluso un significado más profundo en los grupos de tres. En cada caso, el primero es algo que necesitamos del Padre, el segundo del Hijo, el tercero del Espíritu Santo. Tomemos los tres segundos pedidos: ¿quién nos da el pan de cada día? El Padre celestial. ¿Quién obtiene el perdón de nuestros pecados? Jesús, que murió en la cruz. ¿Quién nos guardará del mal? El Espíritu Santo, que mora en nosotros. ¿Ve el patrón?

El mismo patrón aparece en la primera parte. Las tres cosas por las que ora primero son las tres cosas que Dios quiere de la humanidad: reverencia, lealtad y obediencia. *Reverencia* para que solo usen su nombre correctamente. *Lealtad* como ciudadanos de su reino, reconociendo que es Rey además de Padre. Y *obediencia* para hacer su voluntad en la tierra como los ángeles la hacen en el cielo.

Las tres cosas que pedimos por los demás y por nosotros son: *dependencia,* un sentido de que todo lo que comemos, vestimos y hacemos viene de Dios; *paciencia,* para que seamos indulgentes con los demás y recibamos perdón de él; *liberación* del mal, que necesita todos los días de su vida. Tome esos tres segundos pedidos de otra manera y verá cómo se desarrolla el patrón. El primero del segundo grupo se refiere a su presente: el pan de cada día. El segundo se refiere a su pasado: perdónanos nuestras deudas (u ofensas), como ya hemos hecho. El tercero se refiere al mañana, a su futuro: líbranos del maligno. ¿Ve el patrón? Toda la vida está contenida: su presente, su pasado, su futuro. Esta oración es llevar toda la vida al Padre, al Hijo y al Espíritu Santo. No hay nada más maravilloso, ¡y todo en unas cincuenta palabras!

SANTIFICADO SEA TU NOMBRE

Cuando era pequeño, mi padre me llevó a escuchar a uno de los más grandes predicadores de aquellos días. No puedo recordar lo que dijo, excepto la palabra "Dios", que repetía una y otra vez. Nunca he escuchado a un predicador antes o después que pudiera decir "Dios" como él lo hacía. Se me ha quedado grabada en mi mente desde niño. Piense en eso, un predicador que simplemente decía "Dios", y uno estaba en presencia del Todopoderoso.

Hemos visto cómo el Padrenuestro es un modelo de oración. Ahora, ¿qué significa esta frase "santificado sea tu nombre"? ¿Se dio cuenta de que los Diez Mandamientos y el Padrenuestro siguen un patrón muy parecido? La primera mitad de los Diez Mandamientos se refiere a Dios; la segunda, a las personas. Además, el primer, segundo y tercer mandamiento se corresponden con la primera, segunda y tercera frase del Padrenuestro. El mandamiento número uno es: "No tendrás dioses ajenos delante de mí". La frase número uno de la oración es: "Padre nuestro". Mandamiento número dos: "No harás escultura, ni cosa que esté en la tierra, ni animal, ni semejanza alguna". ¿Por qué? Porque Dios es celestial: Padre nuestro que estás *en el cielo*. Usted no sabe cómo es el cielo, así que no puede crear una imagen. Tercer mandamiento: "No tomarás el nombre del Señor tu Dios en vano". Tercera frase del Padrenuestro: "Santificado sea tu nombre". ¿Ve el paralelismo? Ora como vives y vive como oras: ese es el mensaje.

Al examinar el significado de "Santificado sea tu nombre", nos ayudarán dos títulos principales: *revelación* y *reverencia*. Usted no puede *reverenciar* el nombre de Dios hasta que no haya

EL PADRENUESTRO

recibido la *revelación* de lo que ese nombre significa.

Antes de ir a una nueva iglesia como pastor, como era de esperar, casi ninguno de los miembros conocía el nombre "David Pawson", por lo que no significaba mucho para ellos. Una vez que me convertí en su pastor, al menos sabían quién era. Se podría decir que habían tenido una "revelación". Lo que intento ilustrar es que un nombre no significa nada hasta que no se ha tenido una revelación sobre la persona que hay detrás de él. Un nombre es solo un nombre, y cada nombre o combinación de nombres debería ser único para esa persona. Creo que es terriblemente injusto cargar a alguien con un nombre que lo va a atar a la naturaleza de otra persona. Conocí a un chico que se llamaba "David Livingstone". Puede adivinar cuándo nació, o al menos cuándo nacieron sus padres, y quién fue su gran héroe. Ahora es misionero en África. Creo que el pobre no tenía otra opción, pero Dios lo llamó. Se casó con una pastora de la congregación, así que se convirtieron en el Reverendo y Reverendo David Livingstone, lo que creo que casi le puso el sello final. Pero al pobre hombre le dieron un nombre que lo vinculaba a la naturaleza de otra persona y me temo que siempre estaba bajo presión. Mi propio padre se llamaba Cecil, por Cecil Rhodes, y no paraban de decírselo de niño.

El reverendo Poplar, ese gran misionero metodista del este de Londres, una vez estaba bautizando a un bebé y dijo: "Pónganle nombre a este niño".

Los padres dijeron: "Llámelo 'Genio'".
Él dijo: "¿Perdón?"
Repitieron: "Llámelo 'Genio'".
Él dijo: "¿Pero quieren decir genio, alguien brillante?".
Respondieron: "Sí".
Él dijo: "Pero no deben cargar a este niño con este nombre".
Dijeron: "Vamos, llámelo 'Genio'. Queremos darle algo a que aspirar". Ese pobre chico tuvo que ir a la escuela y a cada profesor que le preguntaba "¿Cómo te llamas?" tenía que decir "Genio".

Santificado sea tu nombre

Una dificultad, por supuesto, a la hora de poner nombre a los niños es que no sabemos cómo van a ser antes de ponerles el nombre. Podemos llamarlos "Alegría", pero eso no significa que vayan a ser felices. Podemos llamarlos "Ángela", pero eso no significa que tenga un angelito. Podemos llamarlos como queramos. Ahora Dios *puede* llamar a una persona con un nombre porque sabe cómo va a ser su naturaleza. Los nombres que Dios dio en las Escrituras siempre encajaron perfectamente con las personas. Sobre todo, el nombre de Jesús encajaba perfectamente con el niño que nació en Belén. Pero aquí tenemos el nombre de "Dios", y ese nombre está lleno del significado de una personalidad tan diferente que este nombre debería mantenerse muy sagrado. Debo admitir que, desde que empezó a utilizarse a gran escala en los programas de entretenimiento de la televisión a partir de los años sesenta, hace ya más de medio siglo, me ha disgustado cada vez más la forma en que se ha utilizado el nombre de Dios. La expresión "Dios mío" se ha generalizado como exclamación en los medios de comunicación y en la conversación ordinaria de los no creyentes. Estamos orando para que Dios ponga fin a este tipo de cosas. Estamos orando para que cuando la gente use esa palabrita "Dios" piensen de quién están hablando, y que tiemblen cuando la usen como aquel predicador que escuché de niño, que solo tenía que decir: "Dios".

¿Cuál es el nombre de Dios? No lo sabemos. Ojalá pudiera decírselo. Lo más parecido que puedo decir es "Yavé". Al menos una traducción inglesa moderna ha utilizado ese nombre. Tiene cuatro caracteres hebreos que escribimos como JHVH. Algunas personas llaman a la puerta y le dicen que debería ser "Jehová". Están muy equivocados porque la "J" se pronuncia como una "Y" y la "V" se pronuncia como una "W", por lo que no se puede obtener "Jehová" de eso.

Podría obtener "Yavé". Y lo que es más importante, se puede obtener el significado porque sabemos lo que significa, aunque no sepamos cómo decirlo. Significa: "Yo soy lo que soy". Tiene un nombre que es diferente porque tiene una naturaleza que es diferente. No se puede decir que Dios sea *como* nadie. Él es quien es. Por eso tiene un nombre que nunca se le daría a nadie. Nunca he oído a nadie llamarse "Yo soy", ¿y usted? Cuando usa su nombre, debe pensar en quién es. La gente tiene opiniones diferentes sobre quién es Dios. Algunos piensan en una especie de Papá Noel, un anciano en el cielo con barba. Otros piensan en un agente de seguros: si paga la prima, recibe las prestaciones. Para algunos, es como un policía. Pero Dios es quien es, y "Yo Soy" es su nombre. Cuando Moisés preguntó: "¿Quién diré que llamó?", él respondió: "Yo Soy te llamé y te envié".

¿Cómo descubre uno quién es Dios? La respuesta es que nunca lo averiguará a menos que escuche lo que dice y observe lo que hace. Todo psiquiatra le dirá que la primera tarea es *escuchar* a alguien. Nunca llegará a conocer a una persona si no la escucha. Si alguna vez va a conocer a alguien como persona y averiguar cuál es realmente su naturaleza, tendrá que usar sus oídos además de tus ojos. Escuchando lo que dicen y tratando de darse cuenta de lo que le está diciendo, entonces sabrá lo que significa el nombre. Así es como uno llega a saber cómo es Dios.

Para santificar su nombre, hacen falta tres cosas: creer en su existencia, conocer su carácter y sentir su presencia. Nunca he conocido a nadie que santifique el nombre de Dios sin esas tres cosas.

Si no cree que Dios realmente existe, si no conoce su carácter —que es santo, puro y limpio— y si no siente su presencia, si alguna de estas tres cosas no se cumple, no puede santificar el nombre de Dios.

Es obvio que una persona que no cree en la existencia de Dios no santificará su nombre. Es extraño que los ateos incluso usen el nombre de Dios como un improperio, solo una palabra, como el hombre que dijo: "Soy ateo, gracias a Dios". Simplemente estaba usando la frase como cualquier no creyente la usa. Pero usted

Santificado sea tu nombre

debe tener un conocimiento de su carácter. Si va a considerar su nombre como santificado, entonces debe ver que es una persona santa, pues santificado significa "santo". Usted no trata un nombre como santo si la persona no es santa.

Pienso en una querida santa de Dios, una señora muy cercana al Señor Jesús y por tanto muy parecida a él. Cuando alguien la mencionaba siempre hablaba en voz baja, con recogimiento y la voz entrecortada. ¿Por qué? Santificaban su nombre porque habían descubierto que era una persona santificada. Este descubrimiento de su carácter los hacía hablar de ella con ese tono de voz asombroso.

La tercera cosa es que, si voy a santificar su nombre, debo recordar que nunca puedo hablar fuera de su presencia. Voy a hacer una confesión. Una vez conocí a un hombre con un apellido de lo más inusual. Recuerdo que estábamos sentados a la mesa con mucha gente alrededor. Nos pusimos a hablar de apellidos y cuando llegamos a hablar de apellidos poco comunes, mencioné el nombre. Dije: "Tengo uno que lo superará todo, y espero que no haya nadie aquí esta noche con este nombre". Cuando lo dije, me di cuenta de que la temperatura había bajado y de que el ambiente se había enfriado. El pobre hombre estaba a dos asientos de mí, en la misma mesa, y era evidente que lo había oído. Nunca lo habría dicho de haber sabido que estaba cerca. Tampoco la gente diría "Dios mío", sino que santificaría su nombre si tuviera la sensación de su presencia. No se puede hablar de Dios en su ausencia: no sería posible. Se puede hablar de otras personas en su ausencia, y quizá por eso a veces decimos lo que decimos de los demás en nuestros momentos de debilidad, cosas que no diríamos si estuvieran allí. Pero cuando tenemos la sensación de que Dios siempre está ahí, no hablamos así.

Por eso, si creemos en su existencia, conocemos su carácter y sentimos su presencia, nunca blasfemaremos ese nombre; lo santificaremos.

Consideremos siete formas en que la gente blasfema ese

nombre. Número uno: *perjurio*. Cuando uno comparece como testigo ante un tribunal, se le entrega un Nuevo Testamento y, de pie, dice: "Juro por Dios Todopoderoso decir la verdad, toda la verdad y nada más que la verdad". La mayoría de los que nos hemos sentado en los tribunales hemos escuchado a los abogados demostrar muy claramente que alguien que dice eso no está diciendo la verdad. ¿Por qué utilizan la Biblia en un tribunal? La respuesta es que el problema básico en las relaciones humanas es conseguir que otra persona diga la verdad. En una sociedad en la que se creía en Dios, lo que era cierto en los primeros tiempos en Inglaterra, se pensaba que, si un hombre jura por Dios decir la verdad, sabiendo que Dios está escuchando cada palabra, entonces seguramente diría la verdad. Hoy en día es casi una blasfemia usar la Biblia en un tribunal. No porque haya tantos que no digan la verdad, sino porque hay tantos que toman la Biblia en sus manos y que no creen que Dios esté allí escuchando. Se ha convertido en una mera formalidad, que solo se cumple por invitación del secretario del tribunal.

Estuve presente una vez cuando un ministro del evangelio prefirió hacer una afirmación solemne en lugar de jurar por la Biblia porque sentía que la Biblia se había vuelto tan barata de esa manera. Usted puede elegir. Es muy posible que si se encuentra en esa situación prefiera hacer una promesa directa. Jesús dijo: "No juren de ningún modo: ni por el cielo, porque es el trono de Dios; ni por la tierra, porque es el estrado de sus pies . . Cuando ustedes digan 'sí', que sea realmente sí; y cuando digan 'no', que sea no".

También podría cometer perjurio en una ceremonia nupcial. "En el nombre del Padre, del Hijo y del Espíritu Santo, los declaro marido y mujer. Lo que Dios ha unido, que no lo separe el hombre". Miles de bodas al año, muchas de ellas celebradas en la iglesia, se rompen oficialmente: eso es perjurio, tomar el nombre de Dios en vano.

La segunda forma es la *blasfemia*. Me refiero a lo que ya he mencionado, el uso de la palabra "Dios" como un improperio, una palabrota. Ahora bien, todas las palabrotas que conozco son destructivas. ¿Qué hay de malo en decir palabrotas? ¿Hay algo malo en tales palabras? Déjeme decirle lo que creo que tienen de malo. Todas ellas toman algo sagrado y hermoso y lo destrozan. Solo hay dos relaciones profundamente sagradas para la humanidad: la relación con Dios y la relación entre un hombre y una mujer. Casi todas las palabrotas que oigo proceden de una de esas dos relaciones.

Tuve el dudoso privilegio de trabajar en un establo a las cuatro cada mañana con un hombre que tenía la reputación de ser capaz de decir palabrotas durante más tiempo que nadie en todo el distrito sin repetirse. Todos los días tenía que escucharlo y me daba la impresión de que cada palabra que utilizaba tomaba algo sagrado y lo destrozaba. Por tanto, convertía esas palabras en inútiles para su verdadero significado. La palabra "maldito" es una palabra terrible. Es una palabra bíblica y significa ese acto de Dios que finalmente pone a un hombre fuera del alcance de toda ayuda. Si la usa a la ligera, como una blasfemia, entonces ya no significa eso.

La palabra "infierno" ha perdido su significado para mucha gente, porque simplemente le dicen a la gente que vaya allí. Es terrible decirle a alguien que vaya allí. Es una de las peores cosas que se le puede decir a alguien. No hace falta que me extienda sobre las demás, salvo para informarles de que la palabra "sangriento" tiene dos connotaciones erróneas. De nuevo, es una palabra bíblica, pero o bien está destruyendo un sentido de la sangre de Cristo —ese es un posible origen— o es una forma abreviada de "por nuestra señora", una referencia a la Virgen María.

He notado que cuando alguien tiene un verdadero encuentro con Jesús deja de decir palabrotas. Su boca está limpia porque se ha encontrado con alguien que no decía palabrotas y con alguien que trata la relación entre los hombres y Dios y los hombres y las mujeres como cosas sagradas, santificadas.

La tercera cosa que se desprende de esto es la *ligereza,* un sentido del humor que va demasiado lejos. Doy gracias a Dios por el sentido del humor. Ha habido ocasiones en las que si no me hubiera reído habría llorado. El sentido del humor puede ser una gracia salvadora. Me he dado cuenta de que los santos suelen tener buen sentido del humor, pero la ligereza puede pasarse de la raya. Los chistes sobre el mobiliario del cielo o la temperatura del infierno se pasan fácilmente de la raya, al igual que los chistes sobre ángeles. Y nunca se ría del diablo, nunca lo tome a broma, ya que es demasiado sutil para eso. Es un error hacer bromas sobre estas cosas porque, de nuevo, se destruye el sentido de la proporción. Las cosas de las que nos reímos ya no las tomamos en serio.

La cuarta forma es la *incredulidad.* Me refiero a negarse a creer en las obras y palabras de Dios. Quien no cree en los milagros está profanando el nombre de Dios. Uno de sus muchos nombres es "El Shaddai; Dios Todopoderoso". Ese nombre es muy conocido por haber sido usado de manera profana o frívola. Ese es un nombre de Dios —él es Todopoderoso—, y una persona que dice "no puedo creer en milagros" no está santificando el nombre de Dios, porque el nombre de Dios es Todopoderoso. No creer en su palabra es profanar su nombre.

En quinto lugar, la *hipocresía.* John Bunyan escribió esto en su autobiografía: "Caí en las costumbres de la época, a saber, ir a la iglesia dos veces por domingo, y allí cantar y orar con los primeros, pero conservando mi mala vida". Martín Lutero escribió un catecismo para niños y escribió esto: "¿Cómo es santificado el nombre de Dios entre nosotros? Respuesta: cuando tanto nuestra vida como nuestra doctrina son verdaderamente cristianas".

La hipocresía no santifica el nombre de Dios. Venimos a la iglesia, llevamos el nombre de Cristo en nuestros labios y luego vivimos igual que todos los demás. Eso no santifica su nombre porque llevamos su nombre y juzgarán su nombre por nosotros y dirán: "Si eso es cristianismo, no lo quiero".

La *familiaridad* es lo siguiente que quiero mencionar. Cada vez oímos más frases que se usan de forma demasiado familiar sobre Dios. He aquí algunas con las que me he topado: "el hombre del piso de arriba"; "el viejo"; "ya sabes quién"; "el de ahí arriba". Es imposible superar a la Biblia para describir a Dios, y es muy fácil inventar otras frases que resulten demasiado familiares.

John y Charles Wesley discutieron sobre un himno que escribió Charles: "O for a Thousand Tongues to Sing my Dear Redeemer's Name" (Que mil lenguas canten el nombre de mi querido Redentor). John Wesley no lo quería en su himnario y logró cambiarlo por "O for a Thousand Tongues to Sing my Great Redeemer's Name" (Que mil lenguas canten el nombre de mi gran Redentor. "Querido" no es una palabra que la Biblia nos anima a usar.

A algunas personas la palabra "you" (tú) en lugar de "thee" y "thou" en la oración les ha parecido demasiado familiar y no lo suficientemente sagrada. Me doy cuenta de que esto era cierto para una generación anterior. "You" se consideraba una forma más reverente que "thou", pero el lenguaje está cambiando. Creo que es una lástima que la versión New English Bible no se atreviera a hacer el cambio. No es necesariamente irreverente decir "tú" a Dios. Es el tono de voz con el que se dice y lo que se dice lo que dejará clara la reverencia. La Biblia no fomenta dos formas de hablar, una a nuestros amigos y otra a nuestro Padre. Fomenta el mismo lenguaje para ambos.

Por último, está la *blasfemia* lisa y llana, cuando se usa el nombre de Dios para apoyar cosas malas. Jesús dijo a sus discípulos: "Llegará un día en que la gente los matará en nombre de Dios". En nombre de Dios, se han hecho cosas terribles. En el nombre de Dios, los hombres han ido a la guerra y han matado. En el nombre de Dios, los hombres han tenido inquisiciones y han torturado a quienes no creían en Jesús. Esto es blasfemia. Es trágico cuando el nombre de Dios se utiliza para algo que Dios

EL PADRENUESTRO

nunca podría aprobar. Recordamos la cruz. ¿Por qué fue muerto Jesús? Fue condenado a muerte por un cargo: blasfemia. Detrás de todos los cargos políticos había uno: "Se llama a sí mismo Dios". Ahora bien, ¿cuál era la verdad en la oración que Jesús hizo la noche antes de morir? Dijo: "He santificado tu nombre. Les he dado tu nombre. Los he traído a tu nombre. He hecho todo esto en tu nombre". También había tomado el nombre de Dios, "Yo Soy", y se lo había aplicado a sí mismo, y dijo: "Yo soy el pan de vida. Yo soy el pastor, el buen pastor". "Yo soy el camino, la verdad y la vida". "Antes que Abraham existiera, yo soy". Gritaron: "Blasfemia". Decidieron que debía morir.

Por supuesto, según su ley, no santificar el nombre de Dios merecía la muerte. Así que cuando lo juzgaron le dijeron: "¿Eres tú el hijo del Dios viviente?". Respondió: "Yo soy". El sumo sacerdote se rasgó las vestiduras y dijo: "Lo han oído de su propia boca. Blasfemia, merece morir, por tomar así el nombre de Dios". ¿Sabe que los judíos santificaban tanto el nombre de Dios que no se atrevían a pronunciarlo? ¿Sabe cómo llamaban a Dios en tiempos de Jesús? Lo llamaban "el nombre". Decían: "Ora al nombre", o "El nombre te bendiga". No se atrevían a usarlo. Aquí estaba Jesús diciendo, "Yo soy", y por eso lo condenaron a muerte, y lo hicieron en el nombre de Dios. En el nombre de Dios condenaron al Hijo de Dios a morir.

Pero el nombre de Dios y la naturaleza de Dios estaba (y está) en Jesús. Si quiere saber lo que significa el nombre, mire a Jesús. Él nos dio el nombre de Dios porque, por primera vez, sabemos lo que ese nombre realmente significa. Podemos ver lo que representa. Él nos dio el nombre de Dios, y ellos tomaron ese nombre, despojaron ese nombre y escupieron sobre ese nombre. Azotaron ese nombre y clavaron ese nombre en una cruz. Esa fue la blasfemia. Jesús murió porque se suponía que era alguien que no santificaba el nombre de Dios. Fueron los escribas, los fariseos, Pilato y Herodes, los soldados y los discípulos fugitivos los que no santificaron el nombre de Dios ese día.

Dios tiene muchos nombres, pero el que más me gusta es "amor". Jesús santificaba el nombre de Dios. Jesús nunca bromeaba sobre Dios. Jesús nunca fue frívolo o profano sobre Dios. Fueron los hombres los que fueron profanos y lo maldijeron. Incluso un ladrón crucificado a su lado maldijo y blasfemó, pero Jesús santificó el nombre de Dios.

Entonces, ¿por qué cosa oramos cuando decimos: "Padre nuestro que estás en los cielos, santificado sea tu nombre"? Oramos por dos cosas. En primer lugar, para que la gente sepa lo que significa su nombre; para que cuando oigan la palabra "Dios" piensen en el ser santo, celestial y todopoderoso ante el que un día tendrán que rendir cuentas. En segundo lugar, para que tanto nosotros como ellos no solo tengamos una revelación de quién es Dios, sino que lo reverenciemos y nos comportemos reverentemente con nuestro Hacedor.

VENGA TU REINO

Estamos pensando en tres palabras, y sin embargo hay tantas cosas que podríamos decir sobre ellas. Uno de los peligros de utilizar una forma fija de palabras una y otra vez es que las decimos sin pensar en ellas, y sin que se nos pase nada por la cabeza, pero ésta es una de las frases del Padrenuestro más difíciles de entender. Cuando decimos "venga tu reino", ¿qué estamos pidiendo? Una de las dificultades es que se dan muchas interpretaciones diferentes. Otra dificultad es que, incluso en inglés/español, la palabra "kingdom"/"reino" significa tres cosas distintas. A veces significa un lugar. Tengo un pasaporte del Reino Unido y tengo que mostrarlo cada vez que salgo de este país y paso por una determinada frontera geográfica, y tengo que mostrarlo cuando vuelvo a entrar. En mi pasaporte, la palabra "reino" se refiere principalmente a un lugar en un mapa. La palabra "reino" también puede referirse a un grupo de personas: ciudadanos, súbditos, estén donde estén, en un lugar determinado o no. Esta acepción no es tan frecuente hoy en día en inglés/español. La tercera acepción apenas se utiliza, y se refiere a un poder. Ahora no sabemos lo que significa la palabra "reino" porque estamos acostumbrados a una monarquía constitucional, y el monarca en una sociedad moderna tiene poco o ningún poder. Eso no significa que la monarquía no sea valiosa. La monarquía en Gran Bretaña es valiosa no tanto por el poder que ejerce como por el poder que mantiene fuera del alcance de otras personas. Así, por ejemplo, la ley está bajo la corona y no bajo el gobierno. Pero la reina no gobierna: como monarca constitucional es una figura decorativa y, por tanto, nos resulta difícil utilizar la palabra inglesa en su tercera acepción: poder.

Así que, en Gran Bretaña, ese es el orden en el que utilizamos el término "reino": un lugar con más frecuencia, un pueblo ocasionalmente, un poder casi nunca. Pero si va a Oriente Próximo, esos tres significados se invierten. Casi nunca llaman "reino" a un lugar. Solo conozco uno: Jordania. No suelen llamar reino a un pueblo. Un reino significa el poder que ejerce un hombre.

Antes de ir a Arabia, cuando era un niño y estudiaba geografía, pensaba que los desiertos de Arabia estaban divididos en cuadrados, y que si salía allí vería una larga valla recta, que atravesaba la arena en línea recta, que luego giraba en ángulo recto y volvía a la costa, y que ése era uno de los reinos árabes. Llegué a Arabia y salí en un Land Rover y no encontré ninguna valla sino solo dunas de arena en movimiento. ¿Dónde estaban esas bonitas líneas cuadradas del atlas? No existían. No hay manera de marcar la frontera. Entonces, ¿cómo saber en qué reino estamos? Lo sabe porque el poder de un jeque se encuentra en esa zona. En otras palabras, pronto descubre bajo qué poder vive a medida que avanza por la costa de Arabia, y parte de mi trabajo consistía en viajar por esa región. Mientras lo hacía, pasaba de un reino a otro. Nunca mostré un pasaporte, nunca pasé por una frontera de alambre de púas, nunca supe que había llegado allí hasta que descubrí que la gente temía a este hombre en lugar de a aquel hombre, que el poder de este jeque había cesado y el poder de aquel jeque lo había reemplazado, y así me había trasladado a un nuevo reino. Este es el significado en la Biblia, porque la Biblia no fue escrita en el Reino Unido, fue escrita en Oriente Próximo.

El reino de Dios significa el poder de Dios, no una zona geográfica, ni siquiera un pueblo. Significa el poder que él ejerce. Por eso Jesús dijo una vez: "Les aseguro que algunos de los aquí presentes no sufrirán la muerte sin antes haber visto el reino de Dios llegar con poder". En otras palabras, van a recibir el poder de Dios durante su vida. Lo obtuvieron, por supuesto, el día de

Pentecostés. Si tacháramos la palabra "reino" en nuestra Biblia y pusiéramos la palabra "reinado" creo que probablemente sería mucho mejor. O incluso si tacháramos la palabra "reino" y pusiéramos la palabra "poder" encontraríamos que encaja. Pero mantendremos la palabra "reino" porque la usamos en el Padrenuestro.

Ahora viene un problema. La palabra "reino" se utiliza cientos de veces en la Biblia. Necesitamos ver cómo la palabra cambió en su significado, se desarrolló y se completó hasta ahora, de modo que, cuando decimos "venga tu reino", casi necesitamos conocer toda la Biblia antes de poder entender lo que significa el término. Empecemos en el Antiguo Testamento. Israel fue un reino antes de tener un lugar y antes de ser un pueblo, porque el poder de Dios vino sobre ellos. Los israelitas no eran más que un puñado de don nadie, esclavos sin dinero, sin tierra, sin gobierno, sin comunidad, sin reglas, sin nada de lo que constituye una nación. Entonces Dios, con su poder omnipotente, los sacó de esa tierra y derrotó a los egipcios por ellos. Después de tenerlos bajo su poder, los convirtió en un pueblo y les dio sus leyes, reglas comunitarias hasta el último detalle de higiene personal, que les permitirían vivir como un pueblo. Luego les dijo: "Ahora les daré un lugar", y les dio la tierra prometida de Canaán. Ve el orden: el poder, luego el pueblo, luego el lugar. El reino comenzó cuando Dios intervino en poder. Luego se convirtieron en un pueblo. Luego consiguieron el lugar, el reino de Israel.

No necesitaban ser un pueblo o un lugar antes de que pudieran entender lo que significaba la frase "reino de Dios". Estaban destinados a ser un reino único en el mundo. El único reino en el mundo sin un rey visible; eso era lo que Dios quería que fueran. Dios iba a ser su reino, su rey, su realeza, su reinado y su gobernante. Dios les daría sus leyes, Dios los guiaría en la batalla y haría por ellos todo lo que haría el rey de cualquier otra nación. Ellos iban a ser su reino, y él lo haría.

Pero, lamentablemente, el pueblo de Israel, cuando miró a las

EL PADRENUESTRO

otras naciones, y que todas tenían hombres fuertes como reyes, vino a Dios y dijo: "Queremos un rey, alguien en un caballo grande en la batalla". Y Dios dijo: "Está bien, les daré un rey, pero les advierto, al cambiar un rey divino por uno humano, pronto se encontrarán en problemas". Eligieron a un hombre excelente, fuerte, grande y apuesto llamado Saúl, pero resultó loco. Así que buscaron a otro, y Dios los guio a un hombre llamado David. Era un buen hombre, y nunca conocieron tanta paz y prosperidad como bajo su reinado, pero él también era un hombre, y tenía los pies de barro. Su debilidad apareció, y después de eso David nunca volvió a ser el mismo rey. Luego tuvieron a Salomón, un hombre con grandiosos planes de construcción, que estaba lleno de orgullo e instituyó la esclavitud en Israel. Levantó tanto el descontento que el día de su muerte estalló la guerra civil y acabaron con dos reyes: Jeroboán en el norte, Roboán en el sur.

A partir de entonces puede leer todo en los dos libros de Reyes. El nivel de la realeza bajaba y bajaba. De vez en cuando había buenos reyes, como el niño Josías, que subió al trono a los doce años, pero la mayoría eran malos. Así que nunca lo pasaron tan bien como bajo el rey David, y era casi natural que cuando oraban "venga tu reino" querían decir: "Danos otro rey como David". Esa era su oración. Todavía hoy, después de tres mil años desde que David reinó, cuando el judío ortodoxo dice "venga tu reino" está orando por otro rey como David.

Pero hubo pensadores más profundos que empezaron a pensar así: "Pedimos un rey humano, Dios nos dio reyes humanos y miren cómo fueron. Necesitamos un rey divino. Sin embargo, nos encantaría tener un rey humano". Nació en sus mentes el concepto de un rey de Israel que sería divino y humano, que sería como un Hijo del Hombre y, sin embargo, sería el Hijo de Dios. A esta figura le dieron un título: "El Ungido", que en hebreo es Mesías y en griego, Cristo. Oraron por este rey que sería lo mejor de ambos mundos, divino y humano.

Si hubieran seguido orando así, habría sido maravilloso, pero no lo hicieron. Cada vez más, el lado político humano dominaba al lado divino celestial. Fueron invadidos por los egipcios, los babilonios, los asirios, los sirios, los griegos, los romanos. Una y otra vez intentaron conseguir su propio rey. Lo consiguieron durante unos años en la época de los macabeos con Judas Macabeo, pero perdieron el trono muy pronto. Cuando nació Jesús, sufrían la indescriptible indignidad de ser gobernados por un rey títere del enemigo romano, para colmo extranjero, un odiado edomita llamado Herodes. Había un movimiento de resistencia que luchaba por el reino y por su propio rey, y ahora cuando oraban "venga tu reino" veían un levantamiento político, una revuelta nacionalista que volvería a poner a un judío en el trono. En medio de todo eso, un ángel se acercó a una joven virgen de probablemente unos quince años y le dijo: "El Espíritu Santo vendrá sobre ti. Vas a tener un bebé, aunque no hayas conocido varón". Y a continuación estas fueron las palabras exactas que dijo el ángel: "El Señor Dios le dará el trono de David, su padre, y reinará sobre la casa de Jacob para siempre y su reino no tendrá fin". Aquella joven descendía directamente de la línea de David, y por una serie de circunstancias asombrosas y una decisión tomada a miles de kilómetros de distancia por un emperador romano, el bebé nació en la ciudad de David. A través de otro acontecimiento asombroso, que ocurrió a unos 1600 kilómetros al este, varios sabios llegaron y dijeron: "¿Dónde está el que ha nacido rey de los judíos?". Herodes respondió: "No hay lugar para otro rey. Yo soy el rey. Los romanos me han designado", y mató a esos bebés inocentes en Belén para tratar de deshacerse de este rey.

Durante toda la vida de nuestro Señor, la gente intentó ofrecerle el trono. Después de haber alimentado a los cinco mil, se nos dice que trataron de hacerlo rey. Los galileos se habrían levantado en masa para ponerlo en el trono. Llegó el día en que pensaron que por fin iba a ser el rey por el que habían orado cuando pedían "venga a nosotros tu reino". Entró cabalgando en Jerusalén a la cabeza de una poderosa multitud, y cumplió la profecía de

EL PADRENUESTRO

Zacarías: "He aquí que tu rey viene a ti, manso y humilde y montado en un asno". Pensaron: ¡ya está aquí, ha llegado el reino! Gritaron: "Hosanna", que significa "Sálvanos ahora", y entraron en Jerusalén pensando que ahora un judío volvería a estar en el trono de Israel. Sin embargo, los decepcionó.

Los desilusionó tanto que unos días después dijeron: "No tenemos más rey que César". Los desilusionó porque no lucharía contra los romanos. Los desilusionó porque no respondió a sus oraciones. Habían orado "venga a nosotros tu reino" durante siglos y él no quiso responder. Cuando llevaron a Jesús ante Pilato, Pilato no pudo entenderlo. Le preguntó: "¿Eres tú un rey?". Jesús respondió: "Mi reino no es de este mundo". Entonces Pilato salió y dijo: "¿Quieren que crucifique a su rey?".

Pilato sintió que estaba en presencia de poder real. Este hombre que representaba el poder romano sintió: "Aquí hay un rey; puedo sentir su autoridad y su poder". Escribió un pequeño aviso que pegó en la cruz: "Este es el rey de los judíos". Un ladrón moribundo lo vio y sintió que estaba en presencia de un rey. El ladrón creía que un día, en un futuro lejano, Jesús tendría un reino: "Señor, acuérdate de mí cuando vengas a tu reino". El ladrón también se había equivocado. El reino era aquí y ahora: "Hoy estarás conmigo en el paraíso".

Ahora entendemos qué fue lo que falló. El problema era que Jesús pensaba una cosa y la gente pensaba otra cuando decían "venga a nosotros tu reino". Él quería un tipo de reino, ellos querían otro. Ellos querían un levantamiento político; Jesús quería el reino de los cielos. Ellos pensaban que era algo futuro, él dijo que estaba aquí y ahora. "Ustedes pueden entrar en el reino ahora".

En este punto intentaré responder a ciertas preguntas. Si es el reino de Dios, ¿incluye a personas? Si es el reino de los cielos, ¿aparecerá alguna vez en la tierra? ¿Es el reino de los cielos algo que vendrá en el futuro o algo que está aquí y ahora, en el presente? A todas estas preguntas voy a responder: *ambas cosas*. Permítame llevarlo brevemente a través de la enseñanza de nuestro Señor sobre el tema. Si toma la Biblia y empieza a subrayar la palabra "reino", descubrirá algo: Jesús enseñó el reino y predicó sobre el reino más que sobre cualquier otra palabra. Dijo que había que predicar el evangelio del reino. "Arrepiéntanse y crean, porque el reino de Dios está cerca". ¿Qué quería decir? Se refería a dos cosas: una que sucede aquí y ahora, en el presente, y otra que sucederá allí y entonces, en el futuro. ¿Qué quiere decir aquí y ahora? Su mensaje es: "Si expulso demonios, el reino de Dios ha llegado a ustedes. Si curo enfermos, el reino de Dios ha llegado a ustedes. Si la gente que está sola y tiene miedo se llena de vida nueva, el reino de Dios ha venido a ustedes. Si las personas encadenadas por el pecado son liberadas, el reino de Dios ha llegado a ustedes. El reino de Dios es algo que ha irrumpido ahora en la historia de la humanidad, y usted puedes entrar en él ahora". De hecho, dijo que las personas más inverosímiles estaban entrando en él: publicanos, prostitutas. Dijo que los ricos no entran fácilmente. Eso significa que es difícil para la mayoría de nosotros, ya que según sus criterios somos ricos. Dijo que a los respetables les resultaría difícil entrar. Los fariseos no lo conseguirían. A los religiosos les costaría entrar, pero el dijo que cualquiera que sea lo suficientemente malo para decir que es malo, y venga, puede entrar. Cualquiera que se humille y sea como un niño pequeño y diga: "Tengo que aprender todo de nuevo. Tengo que empezar desde el principio", puede entrar. Cualquiera que venga y diga: "Necesito una nueva vida, necesito nacer de nuevo", verá el reino.

Jesús estaba enseñando que este reino es algo al que no podemos entrar con un pasaporte, no podemos entrar con mucho dinero, no podemos entrar porque somos muy buenos. Solo podemos entrar si somos malos, sabemos que somos malos y queremos ser buenos. Dijo que este reino es como una perla preciosa, por la que vale la pena vender todo lo demás. Vale más que cualquier cosa para nosotros. Es como un hombre que encontró un tesoro en un campo, no se lo dijo a nadie, pero fue y vendió todo lo que tenía y compró el campo. Es algo por lo que alguien debería estar dispuesto a renunciar a cualquier cosa porque es muy valioso y puede tenerlo aquí y ahora.

Jesús dijo que la gente estaba entrando en el reino. Había comenzado y estaba creciendo. Podía ser pequeño, como un grano de mostaza comparado con la raza humana, pero cuando creciera sería el árbol más grande de todos. Dijo que es como la levadura. Trabaja tan silenciosamente. Ponemos un poco de levadura en una masa y esa levadura trabaja en silencio, pero está trabajando. La gente dice: "¿Dónde está el reino de Dios?". Yo digo: "Donde está la levadura en la masa". La gente dice que la iglesia es una pequeña organización, un pequeño grupo de personas. Yo digo que es un grano de mostaza que crece. El reino de Dios es algo que ya está sucediendo y podemos estar en él y vivir como ciudadanos ahora mismo.

Por eso, en todo el Nuevo Testamento, no solo en los Evangelios, sino también en las cartas, la gente vive en el reino. Pablo escribe a los romanos: "El reino de Dios no es comida ni bebida". No son cosas materiales. Por muy necesarias que sean, y por muy importante que sea que los cristianos den de comer a los que tienen hambre y sed, eso no los hará entrar en el reino, porque el reino de Dios no es carne ni bebida, no es algo físico. El reino de Dios es justicia, alegría y paz en el Espíritu Santo.

Cuando Jesús dijo que verían el reino de Dios venir con poder durante la vida de ellos, lo dijo en serio, y en el día de Pentecostés ellos vieron el poder de Dios venir. Estaban disfrutando del reino de Dios. Casi todas las cartas del Nuevo Testamento se refieren a vivir en el reino, predicar el reino, disfrutar el reino, saber lo que es tener el poder de Dios en nuestra vida ahora. Eso es el reino, y es interesante que una copia manuscrita antigua del Padrenuestro diga "que venga tu Espíritu".

Me encontré con una historia maravillosa sobre un niño ruso que era cristiano. Las autoridades le ordenaron ir a luchar a una guerra ignominiosa por Rusia y él se negó en nombre de Cristo.

Fue llevado a juicio. Cuando le preguntaron por qué, dijo que no podía hacer esto bajo Dios. El juez dijo: "Pero hijo mío, estás hablando del reino de los cielos y éste aún no ha llegado". El muchacho respondió: "Su señoría, puede que no haya llegado para usted, pero ha llegado para mí". Es una respuesta tremenda. Para muchos de nosotros en la iglesia el reino de Dios ha llegado. Estamos en él. Estamos disfrutando del reino de Dios en nuestras vidas: Dios gobernando nuestras circunstancias, Dios haciendo que todas las cosas funcionen para bien porque lo amamos, Dios a cargo de la próxima semana. Ese es el reino de Dios aquí y ahora. Pero ¿eso es todo? Si es así, lo que pedimos cuando decimos "venga tu reino" es simplemente que cada vez más personas entren en el reino. ¿Es eso todo lo que pedimos? No es todo, así que tenemos que mirar a otro lado.

Si la mitad de la enseñanza de nuestro Señor sobre el reino dice que es una experiencia presente, la otra mitad de lo que dice es que es una expectativa futura, algo que todavía no es. Es algo que es ahora y algo que todavía no es. Es esta paradoja la que ha confundido a tantos intérpretes, que parecen no poder sostener ambas cosas a la vez, de modo que la gente se va a uno u otro extremo. Yo creo que es ambas cosas. ¿Qué es lo que está por venir? ¿Por qué nos enseñó Jesús a orar "venga tu reino"?

En este punto debo recordarle algo que ya sabe. Hay otro reino en este mundo además del reino de Dios. Está el reino de Satanás. Cuando nuestro Señor dijo que el reino de Dios está irrumpiendo en nosotros, que está cerca, que está entre nosotros, no dijo que está dentro de nosotros. Esa es una mala traducción. Dijo: "Está entre ustedes". Habló también del reino de las tinieblas, de la enfermedad, de la muerte, del reino de Satanás. Este es el problema. Si el reino de Dios ya ha llegado, ¿por qué la gente muere a nuestro alrededor, por qué hay enfermedades, por qué hay violencia, por qué se arruinan vidas, por qué los drogadictos mueren antes de cumplir los treinta? ¿Por qué ocurre todo esto? Es porque los reinos de este mundo no son el reino de Dios sino el reino de Satanás. Cuando Jesús vino a la tierra, el diablo le ofreció hacer un trato con él: le daría a Jesús todos los reinos del mundo. Jesús no dijo que no podía dárselos porque no eran de él. Lo eran. El diablo tiene la política mundial en sus manos, y Jesús lo reconoció. El diablo controla el mundo. Jesús habló de él como el dios de este mundo, el príncipe de este mundo, el gobernante de este mundo. Lo que estamos viendo en el mundo es un enfrentamiento entre dos reinos totalmente opuestos. Jesús habló de rescatar a personas de las garras del reino de Satanás.

Eso es lo que tenemos que entender, y muchas de las parábolas del reino de nuestro Señor nos dicen que estos dos reinos seguirán uno al lado del otro hasta el fin de los tiempos. Lo dice en lenguaje de imágenes: el trigo y la cizaña crecerán juntos hasta el fin del mundo; las ovejas y las cabras pastarán juntas hasta el fin del mundo; los peces buenos y los malos estarán en la red; las vírgenes prudentes y las insensatas. Constantemente dice que ambos están juntos, pero todas estas parábolas dicen que llegará un día en que uno de los dos desaparecerá por completo. El trigo se recogerá en el granero y la cizaña será quemada.

¿Quién sembró esa cizaña? El diablo, en el campo del mundo. Llegará un día en que se separarán los peces buenos de los malos, y se desecharán los malos, y en que se separarán las ovejas de las cabras. Será entonces cuando el Reino habrá llegado universalmente. Ha llegado individualmente, pero todavía no ha llegado universalmente. Así que el reino de Dios es algo en lo que los individuos pueden entrar ahora, y luego pueden orar "venga tu reino" para el día en que el reino venga universalmente.

Ahora, por supuesto, si lo que vimos al principio es correcto, el reino solo puede venir cuando venga el rey. Eso suena un poco obvio, pero hubo un tiempo en que Inglaterra era una mancomunidad. No había rey en Inglaterra, y había quienes querían un reino de nuevo. ¿Cómo lo hicieron? Trajeron de contrabando a Carlos II de vuelta a Inglaterra y el reino fue restaurado. No se puede tener un reino sin un rey. ¿Cuándo vendrá el reino a la tierra como en el cielo? La respuesta es: cuando vuelva el rey. Mi comprensión de la expresión "venga tu reino" se resume en la última oración de la Biblia: "Amén. ¡Ven Señor Jesús!". Cuando venga el rey, vendrá el reino.

La Biblia me dice que, cuando venga el rey, reinará sobre la tierra. El último rey en la tierra será Jesús. ¿Puede imaginar cómo será cuando él sea rey? Tendremos paz mundial por primera vez. No habrá necesidad de ejércitos, armadas o fuerzas aéreas, por primera vez. "Convertirán sus espadas en arados y en hoces sus lanzas… y nunca más se adiestrarán para la guerra". Cuando Jesús esté en el trono en la tierra, demostrará lo que se puede hacer en rectitud y justicia cuando un rey humano que es divino al mismo tiempo, con todo lo que eso significa, reine sobre los asuntos de la humanidad. Entonces también tomará el antiguo reino de Israel y los traerá de vuelta y los restaurará a la realeza de Dios y los pondrá bajo el reinado de Dios de nuevo.

Consideremos la Ascensión. ¿Qué dijo Jesús justo antes de ascender? ¿Qué dijeron los discípulos? Jesús les dijo: "Me ha sido dada toda autoridad en el cielo y en la tierra. Ahora vayan y prediquen a todo el mundo". Luego dijo: "Pero esperen hasta que tengan el poder". Prácticamente está diciendo: esperen a disfrutar del reino en poder, y luego salgan a predicar el evangelio del reino a todas las naciones hasta que llegue el fin". Pero entonces los discípulos le dijeron una cosa muy interesante. Todavía encerrados en su pensamiento nacionalista, le preguntaron cuándo restauraría el reino a Israel. Él no dijo que nunca devolvería el reino a Israel, pero les dijo que no les correspondía a ellos saberlo.

La Biblia nos dice que un día incluso el antiguo reino volverá al reino de Dios. Israel es un país tan impío como el nuestro: solo el 10% va a la sinagoga cada sábado. Esa nación será traída de vuelta al reino, no como una cosa nacional exclusiva, sino como un centro de religión mundial. Todas las naciones dirán: "Vengan, subamos a Jerusalén. Subamos a la ciudad, al monte del Señor. Vayamos a él a través de ellos". Pero eso no es el final de todo.

EL PADRENUESTRO

La Biblia también habla de un momento final y triunfante en el que Jesús toma todos los reinos del mundo, pues debe reinar hasta que los tenga y luego los devuelva al Padre. La vieja tierra desaparece y hay un cielo nuevo y una tierra nueva, y el reino de Dios cubre el cielo y la tierra.

Así que oramos para que, universalmente, el reino de Dios cubra todo el cielo y la tierra. La pregunta práctica es: ¿realmente quiere usted que esto suceda? A diferencia de un monarca constitucional, el Dios que es rey realmente gobierna. Cuando el hombre intenta gobernarse a sí mismo, fracasa. El hombre nunca fue hecho para gobernarse a sí mismo, sino para estar sometido a un rey, y cuando oro "venga tu reino" estoy diciendo: "Señor, sé rey de mi cuerpo; sé rey de mi mente; sé rey de mi alma; sé rey de mis ambiciones; sé rey de mi carrera. Tú reinarás en mi vida; tú tienes autoridad absoluta en mi vida. Quiero que tu reino se manifieste en mí, y oro para que todos acepten esta autoridad". ¿De verdad quiere eso?

Es lindo pensar que va a venir un rey, pero cuando venga, vendrá como rey, y cuando invito a Jesús a ser mi Salvador, también lo invito a ser mi rey y a asumir el control total.

HÁGASE TU VOLUNTAD

Una vez fui a ver a una mujer cuyo bebé había sido asesinado por un conductor ebrio mientras el bebé estaba sentado en su cochecito. La mujer me dijo: "Supongo que debemos aceptar la voluntad de Dios". Debió de ver una expresión extraña en mi rostro, porque entonces dijo: "¿No debemos?".
 Le contesté: "Lo siento, no creo que sea la voluntad de Dios. No creo que debamos culpar a Dios por los conductores ebrios". Le dije: "Creo que sí sé cuál es la voluntad de Dios en esta situación. Lo que usted hará con esta experiencia, eso podría ser su voluntad".
 Esta frase "hágase tu voluntad" es una de las frases del Padrenuestro de las que más se abusa. Sacada de su contexto y utilizada para expresar una especie de actitud fatalista ante la vida, forma parte de frases como "cosas de la vida". Estoy seguro de que no es ése el sentido que el Señor quiere que demos a la oración: "Hágase tu voluntad en la tierra como en el cielo". ¿Qué significa? Permítame comenzar negativamente diciendo lo que creo que no significa. A veces hay que despejar el camino antes de seguir adelante. ¿Qué es lo que no significa? Algunos hacen hincapié en la palabra "tu" y le dan un énfasis equivocado: "hágase *tu* voluntad". Eso puede denotar resentimiento, que es una actitud negativa, o resignación, que es una actitud neutra, y ninguna de las dos es la actitud que nuestro Señor quería que expresáramos.
 Hay muy pocas personas que utilizan la frase con resentimiento, pero un poeta dijo que sentía que la vida era algo así como una partida de ajedrez, jugando contra un jugador maestro que siempre ganaba, y que no importaba el movimiento que hiciera uno, él

hacía un movimiento que ganaba la partida. Por lo tanto, uno estaba en una especie de vórtice indefenso de circunstancias. Dios simplemente lo movía de un lado a otro y le hacía esto y aquello, y no podía hacer nada para salir de ahí. Esta es una actitud de resentimiento.

En algunas personas del pueblo del Señor hay una actitud de resignación a las circunstancias, como si estas fueran las únicas cosas que podrían suceder. Robert Louis Stevenson en *El jardín del alma* escribe: "Hay una planta llamada gaulteria, también conocida como la planta de la falsa gratitud. Es una planta vistosa, pero deja poco margen de beneficio. No quiero tenerla en mi jardín. Desarráiguenla. Fuera con ella, y en su lugar pongan un arbusto de piedad, pero que sea de los que florecen". ¡Toda una cita!

¿Qué hay de malo en decir "lo que será, será" o "son cosas de la vida"? Descubrí que incluso los pilotos de la Real Fuerza Aérea tenían este tipo de fatalismo. Decían: "Si salió tu número, salió tu número. Cuando despegues ese día, si tu número está en el avión, estás terminado". Eso era puro fatalismo, y era un mecanismo de defensa contra la vida, como si decirse esto a sí mismos dijera también: "No se podía haber alterado, y no se podía haber hecho nada al respecto. Simplemente tienes que vivir con ello". Los griegos tenían una versión de esto llamada estoicismo, por los estoicos, que enseñaban que todo lo que sucede es la voluntad de los dioses y no hay nada que podemos hacer salvo aceptarlo y resignarnos al hecho de que somos peones en el juego de la vida, llevados de un lado a otro por poderes demasiado grandes para nosotros.

¿Sabe lo que significa la palabra "islam"? Significa "sumisión" y la palabra "musulmán" significa "rendido". En Oriente Próximo descubrí que una frase favorita entre los árabes era "Inshallah", que significa "Alá quiere". Recuerdo haber visto a un árabe que había puesto pescado al sol para secar su comida de invierno, y llegó la lluvia. En aquella zona solo llovía dos o tres veces al año.

Le dije: "¿No vas a entrar el pescado? La lluvia lo estropeará". "Allah harim", respondió, y se sentó. Esta es una de las cosas de las que el mundo musulmán necesita ser liberado por la fe cristiana: la resignación, el fatalismo y el sentido de sumisión a poderes que no se pueden cambiar. Esa es su religión.

El gran arzobispo cristiano William Temple solía decir que hemos convertido una frase que era un grito de guerra en una letanía de lamentos, y creo que entiendo lo que quería decir. ¿Qué hay de malo en esta interpretación? ¿Qué hay de malo en decir que "hágase tu voluntad" significa que simplemente aceptamos todo lo que es? Hay tres cosas erróneas. En primer lugar, supone que todo lo que sucede es la voluntad de Dios, y no es así. Hay cosas que suceden que no son la voluntad de Dios.

La segunda razón por la que es errónea es que asume que la única persona capaz de hacer la voluntad de Dios es Dios mismo, y eso va en contra de todas las enseñanzas de la Biblia. Si cuando digo "hágase tu voluntad" pongo el énfasis en la palabra "tu", puede dar a entender que nadie más puede hacer la voluntad de Dios. La oración no es para que Dios haga su voluntad, sino para que la haga otra persona. La tercera razón por la que es errónea es la siguiente: la palabra "voluntad" debe entenderse con mucho cuidado. No quiero convertirlo en un erudito griego, pero quiero decirle que hay dos palabras en el idioma griego, ambas traducidas desafortunadamente por la palabra "will" en inglés. Nuestro idioma no es lo suficientemente grande para manejar el griego. Una de las palabras significa "decreto". La voluntad de Dios es su decreto, lo que significa que cuando Dios decreta una cosa, nada puede impedirlo. Hay otra palabra que significa su deseo o anhelo, y el problema es que la palabra inglesa "wish" es demasiado supersticiosa y demasiado suave para transmitir la fuerza del deseo.

Hay un mundo de diferencia entre decir que el decreto de Dios debe hacerse y orar "hágase tu deseo", y la palabra usada aquí es deseo y no decreto. Hay ciertas cosas que son decretos de Dios.

EL PADRENUESTRO

Dios decretó que debía haber un mundo y lo hubo y nada pudo detenerlo. Dios decreta que el mundo terminará un día y ese es su decreto y nada puede detenerlo. Dios decretó que Jesucristo naciera de la Virgen María y viniera y muriera por nosotros, y nada podía impedirlo. Pero cuando se llega a una afirmación como "quiere (wills) que todos los hombres se salven", me doy cuenta de que la palabra "quiere" (wills) es "desea" o "anhela" y eso es una cuestión diferente. Por lo tanto, me gustaría traducir esto con más precisión: "Háganse tus deseos en la tierra como en el cielo". En otras palabras, esta oración no es una oración de resignación, aceptando lo que es inevitable; es orar para que suceda algo que de otro modo no sucederá a menos que oremos. Es orar por algo activo, no pasivo; algo positivo, no negativo; es orar para que algo se haga. El énfasis debe ponerse en la primera palabra: "*hágase* tu voluntad". Si no oramos así, no se hará. No es algo para aceptar con resentimiento o incluso resignación, sino algo para hacer. Por eso le dije a aquella querida señora: "Es lo que haga con esto ahora lo que va a demostrar la voluntad de Dios: hacer lo que él desea".

Entonces, ¿qué significa? Significa no aceptar las cosas, sino elegirlas; no sentarse y decir: "Oh, bueno, debemos aceptar" sino: "Voy a preguntar cuál es la voluntad de Dios en esta situación y hacerla, por su gracia. Pido que la tierra haga su voluntad y también el cielo". El acento del Padrenuestro está en los verbos, que son todos activos: santificado; venga. Es actividad: la actividad de Dios, nuestra actividad, hacer algo. Cualquiera que ore el Padrenuestro tiene que hacer algo después. Es una oración demasiado activa para sentarse y simplemente orar o cantar.

En Juan 9 se encontraron con un ciego de nacimiento. Los discípulos, hablando con Jesús, supusieron que era voluntad de Dios que aquel hombre hubiera nacido ciego. ¿Se debía a su pecado o al de sus padres? Pensaron que, evidentemente, era la voluntad de Dios y que tenían que aceptar la situación, pero ¿cómo había ocurrido? Jesús les mostró que la voluntad de Dios era que se hiciera algo con aquel hombre, y le dio la vista. Su respuesta a su pregunta sobre la voluntad de Dios fue: debemos hacer las obras del que me envió. En otras palabras, hay que *hacer* algo.

Por muy cierto que sea que hay cosas en la vida que es voluntad de Dios que aceptemos y transformemos y hagamos bellas por terribles que sean, sin embargo, cuando oramos el Padrenuestro, Jesús no se refería a eso. Él quería que la gente orara "hágase tu voluntad como se hace en el cielo". ¿Cómo se hace en el cielo? Veamos cómo se hace. ¿Cómo hacen los ángeles su voluntad? La hacen de buena gana, la hacen continuamente, todo el tiempo; la hacen completamente y la hacen rápidamente.

En este punto la oración se vuelve muy personal, porque orar esa oración y no hacer nada es hipocresía. Por eso un santo de Dios solía orar "hágase tu voluntad", y después añadía en un susurro: "y hecha por mí". Hágase tu voluntad y por mí, así en la tierra como en el cielo, lo que implica tres cosas. En primer lugar, la voluntad de descubrir la voluntad de Dios. Me pregunto si todavía conoce a alguien que pone "DV" cuando escribe una carta. Todavía recibo algunas cartas de personas que lo hacen. *Deo volente*, que en latín significa "Si Dios quiere". ¿Qué quiere decir una persona cuando dice o escribe esto? ¿Solo quiere decir que hará tal o cual cosa a menos que Dios se lo impida, o quiere decir "lo haré si he descubierto que eso es lo que él quiere que haga"? Eso es muy distinto. La mayoría de las veces que he visto "DV" en una carta, he descubierto que es de alguien que ya ha tomado la decisión de hacer algo, y en cierto sentido está diciendo: a menos que él haga algo drástico para detenerme. Si dice "DV" debería preguntarse primero si debe hacer o no lo que sea de que se trate.

Recuerdo que una vez recibí una carta en la que me invitaban a hablar en una conocida convención. Les estaba contestando y estuve a punto de poner "Iré en tal y tal fecha, DV". Pensé: "¡Qué hipocresía! No le he preguntado a Dios si debo ir". Así que me puse de rodillas, y Dios me dijo: "No, no debes ir". Además, me dijo algo más: "Y tampoco quiero que hagan esa convención". Escribí al líder de la convención: "Debo decirle que tan pronto como empecé a poner 'DV' en esto, descubrí que no era 'DV' en absoluto. No era su deseo que yo fuera, y también debo compartir con ustedes que él parecía decirme que no era su deseo que ustedes celebraran esta convención".

Me contestaron: "Hemos cancelado la convención". Más tarde me reuní con los organizadores de la convención y me dijeron: "Sabe, realmente era la voluntad de Dios que no la celebráramos ese año. Ahora sabemos que debemos celebrarla el año que viene y vamos a volver a ella con mentes mucho más frescas". Se había convertido en una rutina para nosotros". Eso es lo que significa "DV": que uno averigua antes de escribirlo si debe hacerlo, y si debe hacerlo ¿por qué poner "DV"? Porque él no lo detendrá a usted si ha descubierto cuál es su voluntad. Así que lo primero es descubrirla.

Ahora, ¿puedo decir una palabra cariñosa especialmente a los jóvenes? Llegan a puntos en los que necesitan descubrir la voluntad de Dios. Hay un aspecto de la orientación que se descuida mucho en los círculos cristianos. La orientación puede venir a través de la oración, a través de impresiones directas en el alma del Espíritu Santo, y puede venir a través de la lectura de la Biblia y a través de un texto, que brota de las páginas y dice: "Haz esto". Puede venir de otras maneras dramáticas y no dramáticas, pero el canal de guía que he encontrado casi infalible es ir a otros cristianos experimentados, exponerles la situación y decirles: "¿Podría buscar orientación para mí también?".

Es asombroso cuántos de nosotros, cristianos inmaduros como somos, parecemos pensar que tenemos una línea telefónica infalible directa al cielo y que nunca necesitamos consultar a otras personas. Si algo es realmente de Dios, entonces resistirá la prueba de ser compartido con los santos de Dios, y es asombroso lo necesario que es eso para nosotros. ¿Está considerando un trabajo, un matrimonio, algo importante? Acérquese a un grupo

Hágase tu voluntad

de cristianos mayores y pídales que oren y que le digan qué orientación reciben.

Recuerdo una situación pastoral que tuve. Era la decisión más complicada que había tenido que tomar como ministro, y no sabía qué hacer. Estudié varias posibilidades, y acudí a personas de la iglesia que eran mucho mejores cristianos que yo y les dije a cada uno: "¿Quiere orar y venir a verme dentro de un mes para decirme lo que piensa?". Un mes después vinieron y me dijeron independientemente lo mismo, y supe lo que debía hacer.

Había un joven en una iglesia bautista y no sabía si estaba llamado al ministerio o no. A veces lo pensaba, a veces no. A veces estaba seguro de que debía hacerlo y otras estaba lleno de dudas. Así que le dije: "Mira, quiero que hables a toda la iglesia y que les digas que no sabes si debes ser ministro", y así lo hizo, en una reunión de la iglesia. Durante tres meses toda la iglesia oró al respecto y buscó la voluntad del Señor, y tres meses después la iglesia dijo unánimemente: "Te necesitamos en el ministerio", y él fue. Él mismo todavía no estaba seguro, pero dijo: "Así es como Saulo y Bernabé fueron llamados".

Tenemos el deber, cuando decimos "hágase tu voluntad", de descubrirla, y probar el descubrimiento desde todos los ángulos. Al diablo le encanta que nos decidamos deprisa, sin pensarlo, sin contárselo a nadie, para que no podamos ponerlo a prueba, pero el llamado de Dios se puede poner a prueba con el tiempo y los consejos. Cuando fui a un ministro de joven y le dije: "Me siento llamado al ministerio", me dijo: "Vete y vuelve y dímelo dentro de dieciocho meses". ¿Era un buen consejo? ¿No desanimaría a la gente, tal vez de por vida? No lo crea. Si es llamado por Dios no puedes ser desanimado de por vida.

Volví dieciocho meses después y le dije: "Debo estar en el ministerio". Me dijo: "Eso es lo que estaba esperando. La última vez dijiste: 'Me siento llamado'. Ahora dices: 'Debo hacerlo'. Ahora te ayudaré". Lo hizo, y me puso en marcha. Doy gracias a Dios por la sabiduría de ese hombre.

EL PADRENUESTRO

Así que hay un deber de *descubrir* la voluntad de Dios, y en segundo lugar hay un deber de *hacerla*. Una palabra que se ha vuelto innombrable "deber". No sé cuándo fue la última vez que oí esa palabra en esta generación. Hay un tipo de cristianismo que piensa que el deber es una palabra sucia, que no deberíamos ir a la iglesia por sentido del deber. ¿Quién ha dicho eso? La Biblia dice: "No dejemos de congregarnos, como acostumbran hacer algunos". Tenemos un deber. Algunas personas piensan que solo debemos orar cuando tenemos ganas de orar. Pero ¿quién dijo eso? Esta palabra "deber" estaba en boca de nuestro Señor. Si quiere saber lo que dice la Biblia sobre el deber, lea el último capítulo del Eclesiastés: "Teme a Dios y obedece sus mandatos, porque ese es el deber que tenemos todos". No estoy hablando de salvarse haciendo buenas obras. Estoy hablando de temer a Dios y cumplir con nuestro deber.

Así que cuando un cristiano hace un servicio para Dios en la iglesia o en cualquier lugar, no quiere que se le agradezca y no se le debe agradecer. ¿Por qué? Porque Jesús dijo que cuando el siervo ha hecho todo lo que su amo le ha mandado, solo ha cumplido con su deber. Como predicador, solo cumplo con mi deber cuando predico. ¿Qué hay de malo en cumplir con nuestro deber? Tenemos el deber para con Dios de hacer su voluntad.

Cierto hombre tenía dos hijos, y le dijo a uno de ellos: "Ve y trabaja en la viña", y él dijo: "Está bien, papá", pero no fue. Luego le dijo a su otro hijo: "Ve a trabajar en la viña", y el muchacho dijo: "No", pero después fue. "¿Cuál de los dos...?", dijo Jesús. El deber total y absoluto es quizá el 90% del éxito de la vida cristiana. Obediencia es una palabra que aparece una y otra vez en las Escrituras, y nunca se aprende a ser un buen cristiano hasta que no se aprende a hacer la voluntad de Dios.

La tercera cosa: no solo descubrirla y hacerla sino *deleitarse* en ella cuando hace incluso un trabajo desagradable: hacerlo porque lo está haciendo por el Rey de reyes, y deleitarse en su buena y perfecta y aceptable voluntad. Así que significa *resolución*.

Podemos ver que esta frase del Padrenuestro no es resentimiento ni resignación, es resolución y, una cosa más: *renuncia*.

Ahora bien, si pudiéramos comprender la diferencia entre resignación y renuncia, entenderíamos lo que significa esta frase. ¿Qué quiero decir con renuncia? Un padre me dijo una vez: "Yo no tengo ningún problema con la fuerza de voluntad de mi hijo; ¡solo con la fuerza de no voluntad de mi hijo!". Sé lo que querían decir. "No voluntad. Si voy a hacer la voluntad de Dios, algo tiene que pasar primero con mi voluntad. Hay muy pocas situaciones en las que puedo hacer su voluntad y la mía. A veces Dios nos permite por gracia hacer algo por él que nos gusta hacer, pero la mayor parte del tiempo no puedo complacerlo si no es negándome a mí mismo. En otras palabras, solo hay lugar para una voluntad en cualquier vida. Es la suya o la mía, y si voy a hacer la suya, la mía tiene que ser crucificada. Hay que tachar el "yo" mayúsculo, y eso es renuncia. No es resignación, porque se elige libremente, porque es cooperación con Dios, pero es definitivamente auto crucifixión.

La renuncia no es ceder ante Dios, sino entregarse a Dios. Es pedirle a Dios que tome nuestra voluntad y la rompa para que podamos ser nuestra mejor versión.

Una de las tareas a las que me dedicaba cuando trabajaba en la granja era domar caballos. Cuando empezamos, el caballo se encabritaba y luchaba. Se trataba de una batalla entre mi voluntad y la voluntad del caballo, y el caballo corcoveaba y galopaba. Era una lucha. Solo poner la montura era una gran victoria, pero cuando la voluntad del caballo era quebrada y la fuerza del caballo estaba disponible, entonces subirse a su lomo y galopar sobre las colinas en ese caballo, y saber que el caballo y yo éramos una sola cosa, que nuestras voluntades eran una y que por lo tanto podíamos disfrutar de la vida juntos y ser un equipo, ésa es la diferencia.

A veces, al principio de nuestra vida cristiana, la mayor lucha es entre el Señor y el "yo", y él nos está domando para poder utilizarnos y hacer juntos su voluntad. Hay una persona, por supuesto, que ejemplifica esto de manera suprema. Hay una persona que demuestra perfectamente el significado de "hágase tu voluntad". Es Jesús. En el Huerto de Getsemaní noto que usa la palabra "deseo" no la palabra "voluntad". Dice "hágase tu deseo". No es obligado a ir a la cruz, no se le decreta que vaya, es llamado a ella, y es el deseo de Dios que muera. Dice: "Pero no se haga mi voluntad, sino la tuya".

DANOS HOY NUESTRO PAN COTIDIANO

Estamos estudiando ahora el Padrenuestro como modelo para nuestras devociones privadas, como la oración perfecta, si es que puede existir tal cosa. Salió de los labios de Jesús, que ni una sola vez habló de los "problemas" de la oración, porque asumió que era normal y natural que un hijo hablara con su padre.

La mayoría de nosotros oramos más sinceramente cuando sentimos nuestra necesidad. Esto se aplica especialmente a la frase "Danos hoy nuestro pan cotidiano". Podemos seguir comiendo, podemos seguir comprando comida en este país, y la gente que no ora parece tener tanta comida como nosotros. Sus frigoríficos y congeladores están repletos y no necesitan pedir a Dios el pan de cada día, así que hay muchos que sinceramente piensan que esta frase es un poco hipócrita.

¿Deberíamos entonces suprimir esta frase para el Occidente acomodado? Analicémosla un poco más a fondo. Aquí, en esta breve oración, se nos da una pauta, y la pauta es que las cosas celestiales deben venir antes que las terrenales en nuestra oración, pero las terrenales deben seguir a las celestiales.

Ya hemos visto que debemos orar primero por el honor de Dios, por reverencia a él, por lealtad a él, por obediencia a él, antes de traer cualquier necesidad terrenal. Debemos pensar primero en lo que Dios quiere. Esa es una regla en la oración. Quizás mucha de nuestra vida de oración es atrofiada, egoísta y seca porque empezamos por nosotros. Deberíamos empezar por el cielo, pero una vez dicho esto, deberíamos bajar a la tierra y orar por las cosas más prácticas.

Recuerdo a una querida anciana de las Islas Shetland que vivía

EL PADRENUESTRO

en una pequeña granja que tenía una habitación en la planta baja y un altillo en el que dormía en un colchón en el suelo. Había una escalera vertical que subía por la pared hasta la habitación superior. Estaba lisiada por la artritis reumatoide y la vecina de al lado la visitaba de vez en cuando por la noche. Una noche estaba allí cuando la anciana se acostó. La vio subir al pie de la escalera, agarrarse a ella, detenerse, bajar la cabeza y cerrar los ojos. La vecina le preguntó: "¿Qué haces? ¿Estás bien?".

Ella respondió: "Solo le pido al Señor que me ayude a subir".

"Bueno, yo estoy aquí esta noche, te ayudaré a subir. No necesitas orar esta noche", le dijo el vecino.

"Ah, pero no estás aquí todas las noches, la mayoría de las noches no estás", fue la respuesta.

Entonces la vecina dijo: "Pues no creerás que a Dios le importa que subas por una escalera, ¿verdad?".

La anciana dijo entonces una cosa profunda que nunca he olvidado: "Si no pudiera ayudarme en las cosas pequeñas, no confiaría en él para las grandes. Si no pudiera ayudarme en las cosas terrenales no podría confiar en él para las celestiales".

Ella comprendía profundamente. No hay detalle de nuestra vida demasiado pequeño, demasiado práctico para que Dios se preocupe de él. Si tenemos una necesidad real, no importa cuál sea, podemos llevársela a Dios en oración.

Lo siguiente lo entendería si viera mi estudio. Hay veces que no puedo encontrar algo, ¡y no digo más! ¿Le ha pasado alguna vez? Muchas veces he llegado al punto de necesitar algo con urgencia. Puede que lo necesite para ayudar a alguien. Busco y sigo sin encontrarlo, y cierro los ojos por un instante y digo: "Señor, ¿dónde está esa cosa? Tú sabes dónde está, dime dónde está". Una y otra vez abro los ojos y la veo. Es la experiencia de lo más asombrosa, sencilla y realista, y otros también la tienen. Si Dios no puede ayudarnos en las cosas pequeñas y prácticas, ¿qué sentido tiene pedir cosas grandes? ¿Tiene fe para pedirle cosas grandes si no puede pedirle cosas pequeñas?

"Danos hoy nuestro pan cotidiano" es una petición totalmente práctica y realista, pero la espiritualizamos. Algunas personas han abierto una brecha tan grande entre lo sagrado y lo profano que el pan ordinario les parece algo demasiado cotidiano como para orar por él, así que espiritualizan esta frase. Los católicos la han espiritualizado en una dirección sacramental. Recuerdo la primera vez que me regalaron una Biblia católica romana, versión Douay. Leí el Padrenuestro y llegué a la petición: danos hoy nuestro pan "supersustancial". Esto me llamó poderosamente la atención y entonces me di cuenta de que había un pequeño asterisco y una nota en la parte inferior, que me remitía a la misa diaria. Esta es una de las formas en que se ha espiritualizado demasiado. Cuando nuestro Señor dijo "Danos hoy nuestro pan cotidiano" no se refería al servicio de comunión.

Por si alguien piensa que estoy lanzando ladrillos en una dirección, lancemos uno en la mía. Tomamos esta frase "el pan nuestro cotidiano" y la ponemos delante de las notas de estudio de la Biblia. "¿Has tenido tu pan cotidiano?", refiriéndose a las lecturas de las Escrituras, y eso tampoco es lo que el Señor quiso decir.

En cierto sentido está bien espiritualizarlo, porque Cristo es el pan vivo, pero quiero que bajemos a la tierra. No es la interpretación sacramental ni bíblica de esta frase lo que quiero darle. Quiero pensar aquí en *pan*, y puede parecer ingenuo empezar diciendo que no dice "danos hoy nuestra torta cotidiana" o "danos hoy nuestra mermelada cotidiana". Se nos dice que la mayoría de nosotros necesitamos unas 1200 calorías al día. Usted probablemente obtiene entre dos mil y tres mil en su dieta normal, y si es un glotón podría estar metiendo mucho más que eso en su cuerpo, y su cuerpo no lo necesita. Se trata de las necesidades prácticas diarias, lo suficiente para vivir. No lujos, no comida lujosa, sino el pan de vida.

William Temple dijo que el cristianismo era la más materialista de todas las religiones del mundo. Quería decir que habla más de los cuerpos que cualquier otra religión. Casi todas las demás religiones del mundo hablan de "almas" y de alejar las almas de los cuerpos para llevarlas al nirvana o a algún otro estado en el que hayamos acabado con el cuerpo. El cristianismo es la única religión que hace hincapié en el cuerpo como algo que Dios salva, no solo curándolo en esta vida, sino reemplazándolo y recreándolo en la próxima. Dios no terminará de salvarlo hasta que haya salvado su cuerpo. La redención de su cuerpo forma parte de su plan. ¿Por qué? Porque estos cuerpos, organismos maravillosos como son, nos fueron dados para ser templos.

Gastamos mucho dinero en edificios elaborados para Dios, pero nuestros cuerpos deben ser su templo. Son importantes, hay que cuidarlos, y Dios lo sabe. Hizo que nuestros cuerpos fueran el templo del Espíritu Santo. Por eso, cuando Jesús caminó por la tierra no solo ofreció perdón, también curó y alimentó. Le decía a la gente que se levantara y caminara y le daba de comer. Se preocupaba por ello. Creo que su compasión divina y su interés por las necesidades humanas ordinarias son maravillosos.

En el momento de dar de comer a la multitud, Jesús no observaba los rostros de sus fieles pensando: "¿Creen que estoy predicando un buen sermón? ¿Están escuchando esto?". Vio que parecían hambrientos, que necesitaban una buena comida antes de emprender el largo viaje de vuelta a casa. ¿No es eso considerado? Así que les dio pan y pescado.

Veamos las palabras "danos hoy nuestro pan cotidiano". Primero: "pan". La Biblia afirma que no solo de pan vivirá el hombre, pero el primer significado de esa frase es que el hombre vivirá al menos de pan. Quiere decir que necesita pan para vivir. Un cadáver no puede convertirse, y un hombre que se muere de hambre no puede ser alcanzado por Cristo. Esto vuelve a parecer una afirmación simple y obvia, pero me encontré con una oración de la reina Isabel I. Todas las mañanas, en su capilla privada, utilizaba una oración que había escrito para sí misma. Esta es una: "Aquellos que están atrapados y enredados en la extrema penuria de las cosas necesarias para el cuerpo no pueden poner sus mentes en ti, oh Señor, como deberían hacerlo. Ten piedad de ello. Por lo tanto, oh Padre misericordioso, alivia su miseria a través de tus increíbles riquezas, para que por tu eliminación de su urgente necesidad puedan elevarse hacia ti en mente". Olvidemos el inglés isabelino. Ahí está el corazón de una reina preocupada por los cuerpos, las mentes y los espíritus de sus súbditos, que reconocía que mientras la gente pasaba hambre no era fácil que escuchara a Dios. Cuando la Biblia dice que no solo de pan vivirá el hombre, no está diciendo que el pan carezca de importancia sino que el hombre necesita algo más que pan porque es algo más que un animal. El hombre necesita a Dios tanto como la comida, y necesita alimentarse de Dios, pero no puede hacerlo a menos que tenga suficiente para comer.

A continuación, examinamos la palabra "cotidiano". Parece una palabra sencilla, pero le sorprendería saber que los eruditos no pudieron traducir esa palabra durante mucho tiempo. Nadie sabía lo que significaba. Solo aparece dos veces en la Biblia, en Mateo y Lucas. No se conocía en ningún otro libro del mundo. No había literatura griega que utilizara esta palabra (*epiousios*), así que se hicieron conjeturas. Los católicos supusieron que significaba "supersustancial" y otros dijeron "pan de subsistencia". Luego, en el siglo XX, alguien excavando en las arenas de Egipto desenterró un trozo de pergamino. En la arena seca de Egipto el pergamino sobrevive como no lo hará en el clima húmedo de Israel. Descubrió que tenía algo escrito en griego y que tenía unos dos mil años de antigüedad. Resultó ser la lista de compras de una mujer, y en la parte superior de la misma estaba esta palabra, y la frase en la que se produjo dejó totalmente claro lo que significaba. Significaba "para mañana". La lista de la señora era lo que necesitaba comprar para las próximas veinticuatro horas, lo que significa: danos hoy lo suficiente para vivir otras veinticuatro horas. Eso es todo. Es una palabrita muy sencilla.

Jesús dijo: "No te preocupes por el mañana", así que

preocuparse es pecado. Viva un día a la vez. Dios divide nuestra vida en períodos de veinticuatro horas. Nadie es puede vivir más de veinticuatro horas a la vez. Debemos ir a la cama y terminar ese día, confesar nuestros pecados, dar gracias a Dios por sus bendiciones, y acostarnos confiando en que él nos llevará a través de un día más.

Pero, por supuesto, no vivimos así. En este país no vivimos sobre esa base y por eso nos resulta difícil, pero sé que el secreto de los santos es vivir un día a la vez. Cuando realmente está pasando por un tiempo difícil, y cuando realmente está en problemas o en peligro, y cuando realmente está hambriento, solo hay una manera segura de afrontarlo, y es decir: "Señor, vamos a vivir un día a la vez. No voy a preocuparme por pasado mañana o por la próxima semana, solo dame suficiente para veinticuatro horas".

Ahora, la palabra "nuestro". Lo único que el Padrenuestro no le permite en sus devociones privadas es el egoísmo. (A propósito, algunas personas dicen que decimos el Padrenuestro con demasiada frecuencia, pero yo diría que no lo decimos con suficiente frecuencia en privado). Puede que haya un día en el que no tenga ganas de orar, en el que no sepa qué decir, en el que se sienta muerto y seco. ¿Qué debe hacer? Pues orar el Padrenuestro ese día, frase por frase.

Lo librará de la autocompasión porque dice "nuestro": "danos hoy *nuestro* pan cotidiano". ¿Quiénes están incluidos? Todo el pueblo del Señor. Cuando oramos diciendo "nuestro" no pensamos en todo el mundo, porque todo el mundo no es hijo de nuestro Padre. Cuando decimos "nuestro" debemos pensar tan ampliamente como toda la iglesia en todo el mundo. Estamos orando por cada hijo de Dios.

Un malentendido que podría surgir es que piense ahora que he dicho que no tenemos que preocuparnos por los demás. Lo hacemos, pero lo que tenemos que hacer con ellos es algo muy práctico: dar y compartir y hacer campaña para que se dé más de

Danos hoy nuestro pan cotidiano

nuestra renta nacional a los necesitados del mundo.

Ahora, la palabra "cotidiano". Quiero recordarle, por si no lo sabía, que las personas a las que Cristo dijo esto cobraban por día y no sabían si mañana tendrían trabajo. No tenían un salario semanal ni mensual. No tenían seguridad más allá del día, y todas las mañanas uno veía a los hombres dirigirse al mercado, y se quedaban allí parados y tal vez el dueño de una viña venía y les decía: "¿Quieres un trabajo hoy?".

Fue a estas personas que literalmente no sabían si tendrían dinero mañana a las que Jesús se atrevió a decir, en efecto: "Solo pidan lo suficiente para hoy, para las próximas veinticuatro horas". De hecho, hablaba de gente que tenía tan poco que cuando llegaba el final del día la despensa estaba vacía, y si venía una visita no tenían nada que ponerles delante y tenían que acudir a un vecino, diciendo: "Me ha llegado una visita, ¿podrías prestarme un poco de pan? ¿Te sobra algo?". Fue a la gente de la cola del pan, que cobraba una pequeña suma al día por su trabajo, a la que Jesús se atrevió a decir: "¿Por qué se preocupan por lo que van a comer, y por lo que van a beber, y por lo que se van a poner?". Si se lo dijo a ellos, ¿cómo nos atrevemos a preocuparnos por las necesidades materiales de la vida? Jesús podía enseñar a las personas que no sabían si tendrían una cena mañana a no preocuparse porque el Padre celestial se ocuparía de eso. Solo tenían que pedírselo.

Una de las afirmaciones más asombrosas que he encontrado en la Biblia está en el Salmo 37. Es el rey David el que habla, y cuando lo leí por primera vez me temo que dije: "Eso no es verdad, estoy seguro de que no es verdad". Dijo: "He sido joven y ahora soy viejo, y sin embargo nunca he visto al justo desamparado ni a sus hijos mendigando pan". Los justos en la Biblia son aquellos que están bien con Dios y buscan su justicia, y luego se les añaden las otras cosas. Esa es una afirmación que hace David y que ahora, habiendo vivido un poco más, creo que es cierta. Si el hombre está bien con Dios, y haciendo lo que es correcto por Dios, y buscando su justicia, no mendigará por pan.

EL PADRENUESTRO

Por supuesto, a veces eso es puesto a prueba y confesaré que solo ha habido una vez en mi vida en que lo experimenté, cuando no tenía nada y no sabía de dónde vendría la próxima comida. Doy gracias a Dios por haber pasado por esa experiencia, aunque no duró demasiado, pero fue una experiencia maravillosa porque probé que es verdad, que si vivimos veinticuatro horas por vez, él provee y nos da lo que necesitamos para el día siguiente, y seguimos adelante.

Ahora la palabra "danos". En ella se reconocen varias cosas, pero solo voy a subrayar dos. La primera es que Dios es la fuente de todo nuestro alimento. Toda la comida que tiene viene de Dios. Tanto si lleva tres semanas en el frigorífico como si no, procede de Dios, y sin él no tendríamos nada que comer. Es muy importante recordar esto cuando nuestra comida no viene directamente del cielo. Hay un pasaje interesante en Deuteronomio 8 donde Dios dice al pueblo de Israel: "Todas las mañanas salen a recoger el maná, que viene directamente del cielo, y saben que yo lo he dado, pero tengan cuidado, no sea que cuando entren en la tierra que yo les voy a dar, y sus graneros estén llenos y sus cosechas sean abundantes, no se olviden del Señor su Dios". Luego dice algo interesante: "Recuerda que es Dios quien te da la fuerza y el poder de conseguir riquezas para comprar alimentos". En otras palabras, aunque tengamos el poder de conseguir comida sin orar por ella, aunque no tengamos que salir a buscar maná de nuestros prados, al menos podemos decir: "Dios, detrás de esta comida que estoy comiendo estabas tú. Viene de ti".

La segunda cosa que implica la palabra "danos" es que no tenemos *derecho* a la comida; es un puro regalo de la bondad de Dios. ¿Qué derecho tengo yo a sentarme a la mesa y comer mermelada hecha con naranjas de España, y beber café de Brasil, y comer copos de maíz hechos con maíz cultivado al otro lado del Atlántico? ¿Qué derecho tengo a que el mundo entero me sirva el desayuno? La respuesta es que no tengo absolutamente ningún derecho.

Creo que es muy apropiado que al principio de una comida demos las gracias, porque la palabra "gracia" significa algo que no podríamos haber comprado, que no merecíamos, y que Dios nos dio, aunque no lo meciéramos. Quizá bastaría con decir literalmente una palabra, "gracia", para dar gracias a Dios. Uno de los peligros de dar las gracias es caer en la rutina y repetir las mismas palabras una y otra vez. Peor aún, por supuesto, es cuando lo hacemos solo si los niños están allí o cuando algunos de nuestros amigos piadosos están presentes. He tenido algunas experiencias divertidas en este ámbito. Recuerdo una comida en la que la señora le dijo al marido: "Da tú las gracias, querido". Así lo hizo y, cuando terminó, su hijita levantó la vista y dijo: "Papá, ¿para qué hiciste eso?". Mi abuelo fue una vez a una casa a comer el domingo y la mujer hizo lo mismo y lo comprometió al esposo. Empezó con el Padrenuestro, se metió en el Salmo veintitrés y luego dijo un trozo de un cómic que recordaba, ¡y dio vueltas y vueltas! ¡Simplemente dé gracias! La comida es un don de la gracia, y si Dios no fuera un Dios de gracia no tendríamos qué comer. La palabra "danos" nos recuerda que es un regalo, no un derecho que nos hemos ganado, sino un puro regalo de su bondad.

Si digo "danos hoy nuestro pan cotidiano", eso no excusa otras cosas. No me da excusa para la ociosidad. Sé que los israelitas tenían maná del cielo. Era la única forma que tenían de alimentarse en el desierto, pero cuando llegaron a Canaán tuvieron que cavar, arar y trabajar. Uno de los textos más sorprendentes del Nuevo Testamento es: "El que no quiera trabajar, que tampoco coma" (2 Tesalonicenses 3:10). En otras palabras, no se trata de eludir nuestra necesidad de trabajar si podemos hacerlo. Tampoco justifica el descuido y el despilfarro. Porque Dios provee, debemos considerarnos administradores de los alimentos.

Creo que ésta es una de las lecciones del relato del Evangelio en el que Jesús dice: "Recojan ahora los pedazos que quedan". ¿Qué harían con ellos? Proveerían a los discípulos de su próxima comida. Fueron las doce cestas de los discípulos las que se llenaron, y Jesús mostró que no debemos desperdiciar la comida, aunque Dios nos la proporcione en abundancia, ni es excusa para la glotonería. Lo que alguien ha llamado cavar nuestra tumba con cuchillo y tenedor no es compatible con esta oración. No tenemos excusa en ese aspecto, y ese es uno de los pecados capitales según el libro de Proverbios.

Debemos comer para vivir, no vivir para comer. Uno de los rasgos inquietantes de nuestra sociedad contemporánea es que algunos de los programas más populares de la televisión están pensados para gourmets. Decir "danos hoy nuestro pan cotidiano" es pedir a Dios comida sencilla y buena para poder seguir sirviéndolo otras veinticuatro horas. Eso es todo lo que se nos enseña a pedir —ni más, ni menos— y Dios ha prometido darnos ni más ni menos.

No puedo concluir sin espiritualizar un poco. Hay una conexión con Cristo. Él la estableció cuando dijo: "Yo soy el pan de vida. Sus padres comieron maná en el desierto, sí, pero hay un pan que necesitan si quieren seguir viviendo". El pan ordinario solo puede mantenerlo hasta el final de esta vida, y después no puede mantenerlo vivo y tiene que morir. Pero Jesús dijo que usted necesita un pan de Dios que pueda comer y vivir para siempre.

Ellos dijeron: "Danos ese pan. ¿Dónde podemos conseguir un pan así?". Él dijo: "Pueden obtenerlo aquí mismo de mí". Él les había dado el otro tipo de pan, y eso los mantuvo otras veinticuatro horas. Si vinieran y lo dejaran alimentarlos, podría mantenerlos para siempre. Jesús es el pan de vida. Por eso se nos dice que levantemos la mirada. Seguimos necesitando pan del cielo: no para nuestra comida diaria, sino para la vida eterna.

En Lucas 14, Jesús nos dio una bienaventuranza sobre la que nunca he predicado y sobre la que nunca he oído predicar, que nunca he oído citar en ningún púlpito, pero es una hermosa bienaventuranza: "Bienaventurado el que coma pan en el reino de Dios".

PERDÓNANOS NUESTRAS OFENSAS, COMO TAMBIÉN HEMOS PERDONADO

Llamamos a esto "La oración del Señor", pero es una oración que él mismo nunca usó y que no podría haber usado. Ahora llegamos a la petición en el Padrenuestro que el Señor nunca podría haber dicho, que en la versión tradicional era: "Perdona nuestras transgresiones como nosotros perdonamos a los que transgreden contra nosotros". Él podría haber utilizado la segunda mitad de esa frase porque incluso cuando lo escupieron y se rieron de él y le clavaron clavos en la carne dijo: "Padre perdónalos porque no saben lo que hacen". No podía haber dicho la primera parte de la petición porque era el testimonio unánime de amigos y enemigos por igual que Jesús estaba libre de pecado. Nunca necesitó decir "perdóname" porque era el Hijo de Dios sin mancha.

Cuanto más cerca vivimos del Señor Jesús, más sentimos que debemos decir, cada día, "perdona nuestras ofensas" o "perdona nuestras deudas". En efecto, son los que se han acercado realmente a él los que dicen: "Apártate de mí, Señor, que soy un hombre pecador". Recordemos de nuevo que esta oración es para nuestro uso privado. "Danos hoy" implica que la utilizamos (o al menos este modelo) todos los días.

Esto nos dice varias cosas sobre la verdadera oración. La primera es que *la verdadera oración debe incluir siempre la palabra "perdona", además de "dame"*. Esto puede parecer muy elemental, pero si analiza sus oraciones, descubrirá que utiliza la palabra "dame" mucho más que "perdona": dame esto, dame aquello, dame salud, dame comodidad, dame dinero, dame paz, dame alegría, dame, dame. Pero una buena oración siempre pasará de "dame" a "perdona". Esto nos dice también que debemos llevar a Dios las necesidades de nuestra alma, así como las necesidades de nuestro cuerpo, y después de haber pedido "dame" para nuestro cuerpo pedimos "perdón" para nuestra alma. Me dice también que debo recordar constantemente que lo que deseo y lo que merezco son dos cosas opuestas. Cuando digo "dame" debo recordarme inmediatamente que no merezco que me den esa cosa. Por lo tanto, cuando digo "dame" no lo merezco, así que debo decir "perdona" inmediatamente después. Luego me dice que debo pensar en mi obligación para con Dios como Padre celestial, no solo en su obligación para conmigo. Si es mi Padre celestial, tiene la obligación de alimentarme y vestirme. Por eso no tengo que preocuparme por lo que como, bebo o visto, porque él tiene una obligación. Como Padre me ha reclamado y me ha adoptado como hijo suyo, así que ahora es su obligación alimentar y vestir a sus hijos y yo puedo reclamar eso. Pero si solo pienso en sus obligaciones para conmigo como Padre y no en las mías para con él, es una oración muy unilateral. Mi obligación para con él es vivir una vida santa como él es santo, y vivir una vida perfecta como él es perfecto. Por eso tendré que decir "perdona".

Esta es la única petición que lleva aparejada una condición, y muchas personas tienen dificultades por esta condición. Algunas de estas dificultades son intelectuales, y voy a tratarlas, y espero no desanimarlo al hacerlo, pero mi interpretación de esta frase es que tengo muchas más dificultades prácticas que intelectuales. Me solidarizo con la señora a la que se oyó murmurar al salir de la iglesia: "Me gustaría que nuestro pastor amara a mi prójimo", pero comprendo perfectamente las dificultades prácticas de esta oración.

Existen ciertas dificultades intelectuales. Un grupo de expertos en aerodinámica se sentó una vez y escuchó a uno de ellos demostrar de forma concluyente, matemáticamente, en una pizarra con figuras, que un abejorro no puede volar. Mientras él creaba todas las dificultades con sus figuras, los abejorros salían a buscar miel. Uno de los problemas de discutir dificultades intelectuales en el púlpito es que algunas personas dicen: "Yo nunca supe que existían esas dificultades, solo solía hacer esta oración".

La frase "perdónanos" presenta una dificultad psicológica para algunos cristianos. Algunos piensan que es malo que los cristianos oren "perdona nuestros pecados". Dicen que engendrará un complejo de inferioridad o de culpabilidad, que siempre estarán hurgando en su propia alma en busca de sus pecados y cada vez estarán más cargados de temores ante Dios. Lo que dicen que hay que hacer es alejarlos de todo su sentimiento de culpa y llevarlos a la alegría y a una paz que nunca piensa en el pecado y piensa más en la salvación.

Una dificultad *teológica* es ésta: He conocido a cristianos que decían que no creían que tuviéramos que usar el Padrenuestro porque cuando vinieron a Cristo todos sus pecados habían sido perdonados, pasados y (según ellos) futuros, y por tanto habían terminado con eso y podían gloriarse de ello el resto de sus vidas. He oído criticar los antiguos servicios de la Iglesia de Inglaterra porque estaban redactados como si fueran pronunciados por "miserables pecadores" pidiendo perdón, y la sugerencia es que si uno es cristiano no debería empezar por ahí. Ya ha sido perdonado, así que no lo pida, y no vuelva al punto de partida.

Otra dificultad teológica viene de los que creen en lo que a veces se llama "entera santificación", en la que creía y que enseñaba John Wesley. No creo que los metodistas lo crean ahora, pero pasó de los primeros metodistas a ciertos movimientos de santidad y ciertos grupos pentecostales. Estos decían que puede llegar un día en nuestra vida en que estemos completamente santificados, después del cual podemos estar libres de pecado; por lo tanto, no necesitaremos el Padrenuestro.

Permítame comenzar diciendo que creo que el Padrenuestro fue dado a los discípulos para seguir a Cristo, por lo que decir que

EL PADRENUESTRO

hemos terminado con él no encaja. No se lo dio a la multitud, sino que llamó a sus discípulos, le dijeron "Enséñanos a orar" y él les estaba diciendo cómo hacerlo. Así que entiendo que nos dio el Padrenuestro a nosotros que lo seguimos como discípulos suyos. Hay dos extremos que creo que debemos evitar. Uno es la idea de que nunca más habrá necesidad de confesión o perdón en la vida del cristiano. Creo que es una visión extrema que no se encuentra en la Biblia. Es a los cristianos a quienes el apóstol Juan escribe: "Si confesamos nuestros pecados, él es fiel y justo para perdonar nuestros pecados y limpiarnos de toda maldad." Así que es extremo decir que una vez que uno se convierte en cristiano sus pecados son perdonados. Ya está, no más confesión, no más perdón.

El otro extremo que he conocido es extraordinario. Me lo recuerda una señora que dio su testimonio así: "Ya me he convertido cinco veces", dijo, "y cada vez ha sido mejor que la anterior". Al escuchar su testimonio, parecía entrar y salir de la salvación entre cada domingo y el siguiente. Cada día estaba tan preocupada por los pecados que si pecaba una vez el lunes pensaba que ya no era cristiana. Entonces se confesaba y ya era cristiana el lunes por la tarde, ¡y el martes estaba fuera otra vez! Adentro, afuera, adentro, afuera, no sabía dónde estaba, y no tenía la seguridad de que era hija de Dios.

Esos son dos extremos, ninguno de los cuales es bíblico. Por un lado, están los que dicen: "He terminado con los pecados por completo desde que me hice cristiano; no necesito seguir regresando como un miserable pecador", y están los que están en el otro extremo y dicen: "Nunca sé si soy cristiano o no porque pequé ayer y eso deshizo toda la buena obra, y tengo que volver a empezar de nuevo". Ninguna de estas es la posición bíblica.

Permítame llevarlo al Aposento Alto, donde se resuelven muchas de nuestras dudas. Jesús tomó una toalla y dijo: "Pedro, quiero lavarte los pies" y Pedro intentó al principio negarse. Jesús dijo "Si no te lavo no podemos ser amigos". Literalmente dijo:

"No puedes tener parte conmigo", que significa: "No podemos tener comunión juntos". Entonces Pedro pasó al otro extremo y dijo: "Bueno, lávame todo, por favor". Jesús le dijo suavemente que no necesitaba lavarse todo ahora, que ya había sido lavado, pero que tenía suciedad en los pies. Jesús quería limpiar eso para mantener la comunión entre ellos. Creo que estaba diciendo algo sobre este mismo tema. Un cristiano que ha nacido de nuevo y ha venido a Cristo ha sido lavado por todas partes y el símbolo de eso es el bautismo, muy apropiadamente, un lavado de la cabeza a los pies. Ellos han sido lavados completamente, ellos son limpios a través de la palabra de Dios, pero a medida que caminan por la vida van a estar recogiendo suciedad en sus pies. Necesitarán un lavado diario, y Jesús está diciendo: "Quiero lavar tus pies. Déjame hacerlo. Si no lavo tus pies no podemos ser amigos, no podemos tener comunión".

En otras palabras, lo que estoy diciendo es que si un cristiano peca (como lo hacen los cristianos) y no es perdonado, perderá su comunión con el Señor. Pierde su gozo en la oración, su vida de adoración, su deseo de compartir a Cristo con otras personas. Esto es por lo que Jesús se preocupaba y de esto trata el Padrenuestro: una limpieza diaria para mantener nuestra comunión con el Señor pura, dulce y limpia.

Hay cinco palabras que el Nuevo Testamento usa para el pecado, y vienen en dos grupos: hay dos palabras muy parecidas entre sí y tres palabras muy parecidas entre sí. La primera palabra es "anomia", que significa pura anarquía. Alguien que no reconoce ninguna regla de vida, que se hace el loco y hace lo que quiere, es anárquico. La segunda palabra es *parabasis*, que significa "pasar por encima", transgredir, traspasar una línea. Piense en una valla con una señal que dice "No pasar", y usted la salta. Ha entrado en territorio prohibido.

Ahora voy a señalar algo que lo hará reflexionar. Ninguna de estas dos palabras se utiliza en las escrituras en el Padrenuestro. Se asume que los cristianos no serán deliberadamente anárquicos y no irán deliberada y maliciosamente donde no deben ir. Esto no es lo que pedimos, y es una tragedia que la palabra "transgresión" haya sido incluida en el Padrenuestro. No está ahí. La tercera palabra es *hamartia*, que, como en el tiro con arco, significa errar el tiro, no dar en el blanco. Es una palabra que se utiliza en el Padrenuestro.

La cuarta palabra es *paraptoma*, que significa caer como en un camino helado, resbalar cuando no tenía intención de resbalar, hacer accidentalmente algo que no tenía intención de hacer.

La quinta y última palabra que aparece en este mismo pasaje, Mateo 6, es *opheilema* y significa nuestras deudas, lo que debemos. Es esta palabra la que se utiliza en el Padrenuestro. La palabra "deudas" es una traducción mucho mejor, porque no estamos pensando en la transgresión, sino en no alcanzar nuestro objetivo y en deberle algo a Dios, en no haber hecho lo que deberíamos haber hecho. De hecho, este perdón es para lo que llamamos pecados de omisión más que pecados de comisión.

Si me permite citar el Libro de Oración Común, significa precisamente esto: "Hemos dejado sin hacer aquellas cosas que deberíamos haber hecho". ¿Hay algún cristiano que se atreva a levantarse y decir: "Llego al final del día sin necesidad de decir 'he dejado sin hacer las cosas que debería haber hecho'"? ¿No es verdad que cuanto más nos acercamos a Cristo, más pensamos en las cosas que podríamos haber dicho, las cartas que podríamos haber escrito, las personas a las que podríamos haber visitado en lugar de ver la televisión? Cuanto más miramos nuestra vida, más nos damos cuenta de las cosas que no hicimos.

El hecho de que esta parte del Padrenuestro no se refiera tanto a las cosas malas que ha hecho como a las buenas que no ha hecho le da un matiz diferente. Esto puede estropear su amistad con Dios. Él quería que hiciera esa cosa, quería que escribiera esa carta, quería que fuera a animar a esa persona, quería que fuera a hablarle a alguien de Cristo, y no lo hizo, y se lo debía. Jesús nos está diciendo que paguemos nuestras deudas.

Uno podría poner su reloj en hora por mi bisabuelo. Él iba por el pueblo a las cinco de la tarde del sábado pagando todas sus deudas. Nunca entraba al día del Señor con un centavo de deuda. Siempre decían: "Ahí va el viejo Pawson, pagando sus deudas". Ahora debemos hacer eso cada día con Dios. Lleve las cuentas claras con él y acuéstese bien.

Podemos ir un poco más lejos. Jesús contó una vez una parábola sobre un criado que estaba arando un campo o cuidando ovejas y que entró y que luego iba a sentarse, pero su amo le dijo: "Trae primero mi comida". Así que el criado tuvo que ir y traer la comida. Usted podría haber dicho: "Eso es poner sal a la herida. Ha trabajado duro todo el día, y ahora lo obliga a traer la comida". Entonces Jesús dijo: "¿Creen que hay que dar las gracias a ese siervo por hacer esa cosa extra por su señor? No, porque cuando ha hecho todo lo que se le ha mandado no ha hecho más que cumplir con su deber. De la misma manera, ustedes también, cuando han hecho lo que se le ha mandado, solo han cumplido con su deber; aún son, cuando han hecho lo mejor que han podido, siervos inútiles". Subrayo esa palabra "inútiles". Cuando he hecho lo mejor para Dios llego al final del día en deuda con Dios por lo que no he hecho. Sigo siendo improductivo. Él todavía ha hecho más por mí de lo que ha recibido de mí, y todavía estoy en deuda y necesito orar sobre esto. 1 Juan nos enseña que, si alguien dice que no tiene esto, se engaña a sí mismo. Yo añadiría que tal persona no engaña a nadie más.

La segunda frase que ha causado dificultad a la gente es "como nosotros perdonamos" y la dificultad la puedo expresar así: ¿no es el evangelio de Cristo perdón gratuito, gracia gratuita, sin condiciones, sin tratos, sin contratos? ¿No dice Dios que si nos arrepentimos y creemos somos perdonados? Sin embargo, en el Padrenuestro se nos pide que hagamos algo por otra persona antes de que Dios nos perdone. ¿No es esto la salvación por buenas obras? ¿No está Dios yendo en contra del principio de la gracia gratuita y diciendo: "No te perdonaré tus pecados hasta que hayas hecho algo por otra persona"? ¿No es eso negociar? ¿No es poner una condición al perdón? De nuevo empiezo afirmando que no se trata de nuestra primera conversión. Esta oración no es una oración para el no creyente y nunca se pretendió que lo fuera. Es una oración para el cristiano, para el creyente, cada día. ¿Qué significa entonces esta condición? ¿Significa que Dios ha establecido una especie de ley según la cual, si no transmitimos el perdón, él no nos perdonará? ¿Es una especie de ley espiritual del universo que el cable positivo que nos viene de Dios no produce ninguna corriente a menos que la tierra negativa esté conectada a tierra en mi prójimo? ¿Es eso lo que se quiere decir? He oído decir eso en muchos sermones.

No creo que se trate de que Dios no pueda perdonarnos en esas condiciones. Creo que es simplemente que no lo hará. La verdadera razón por la que no perdona a los cristianos que no perdonan a los demás es muy sencilla: no tiene ganas de hacerlo. Son los sentimientos de Dios los que importan. Ahora, antes de que se pregunte lo que estoy diciendo, déjeme decirle dónde lo encontré. Lo encontré en la parábola en la que Jesús dijo: "Un rey en su generosidad y piedad perdonó a un hombre trescientas libras", y luego oyó que ese hombre salió y metió en la cárcel a otro por una suma mucho menor. El rey se enfadó y dijo: "Retiro mi perdón". Las palabras de Jesús enseñan cómo se siente Dios ante nuestra falta de perdón.

Dios es mi Padre, así que sé cómo siente porque yo soy padre. Si sus hijos vinieran a usted y le dijeran: "Papá, ¿me das un caramelo?" y usted le diera un caramelo a cada uno, y luego descubriera que uno de ellos ha robado los caramelos de los otros y ha ido y se ha comido todos los caramelos, y luego ha tenido la desfachatez de volver y decir: "¿Me das otro caramelo?", usted diría: "No vas a recibir otro caramelo de mí. Estoy muy enfadado contigo".

¿Por qué se enfadaría porque uno de los hijos hiciera esto? Hay una razón muy sencilla: porque no quiere que su hijo crezca así, y si siguiera consintiendo a un hijo que se porta mal, crecería travieso, egoísta, ladrón. Dios quiere que crezcamos pareciéndonos a él, y quiere que perdonemos como él perdona. Si le perdonara cada día sus deudas y usted no perdonara a los demás, lo estaría animando a seguir comportándose así, y él no es esa clase de Padre. Se enfadaría con usted, y si usted no está dispuesto a perdonar a los demás sus deudas, entonces él no va a perdonar las suyas. Estaría enojado.

Ahora puedo entenderlo, tiene sentido en este contexto, Dios nos está diciendo lo que siente por nosotros, y está hablando de sus hijos, los creyentes, los cristianos. ¿Espera que siga pagando sus deudas si usted no paga las deudas de los demás? Si lo hiciera, lo estaría perjudicando. No está consintiendo su pecado. Estaría destruyendo su carácter, y él no es esa clase de Padre. Agradezco a Dios que mi padre terrenal no me hubiera dejado salirme con la mía, y agradezco a mi Padre celestial que él tampoco.

Dios declaró cuáles son sus sentimientos y puedo ver sus razones para ello. Una persona que no perdona no sabe lo que pide cuando dice "perdona". Una persona que no perdona no apreciará el perdón, aunque lo obtenga. Una persona que no perdona se hará más implacable si es perdonada bajo esas circunstancias.

La voluntad de Dios es que crezcamos para parecernos más a él. Tennyson lo expresó de esta manera: "Perdónalo setenta veces y siete, porque todas las almas benditas en el cielo son tanto perdonadoras como perdonadas". En otras palabras, sé como tu Padre celestial. Dios no perdonará tus deudas al final de cada día si no estás aprendiendo a ser como él. De lo contrario, no sería una buena paternidad, sino una mala disciplina.

El general Oglethorpe era un funcionario al que John Wesley se acercó en nombre de un convicto, para abogar por él. Oglethorpe le dijo a Wesley: "Yo nunca perdono". Juan Wesley le dijo en voz baja: "Entonces espero, señor, que usted nunca peque". De esto se trata. Puedo resumirlo en dos palabras: perdonar, perdonado. Esa es la ley para los cristianos. Las dificultades prácticas con esto no son intelectuales. Están en el corazón, no en la cabeza. Agustín llamó a esta petición del Padrenuestro "la petición terrible". Un erudito moderno ha dicho que, de todas las peticiones del Padrenuestro, ésta es la más aterradora. Robert Louis Stevenson, que dirigía a su familia en las oraciones familiares todos los días y siempre terminaba con el Padrenuestro, una vez a la hora del desayuno, en medio de las oraciones familiares, se levantó y salió del comedor. Su esposa salió tras él y le dijo: "¿Qué te pasa, Robert?". Él respondió: "Hoy no estoy en condiciones de hacer esa oración". "¿Por qué?", le preguntó ella. Entonces él le habló de un resentimiento, de una malicia que había estado rumiando en su corazón desde el día anterior. Dijo: "Hoy no puedo hacer esa oración". Es muy fácil decir "Danos hoy nuestro pan cotidiano", porque no hay condiciones. Dios nos lo dará si se lo pedimos, pero aquí dice: "No puedo darte esto si lo pides, a menos que...,". Y si hago esta oración mientras guardo rencor, amargura, resentimiento, celos, entonces le estoy pidiendo literalmente a Dios que no perdone mis deudas y esa es una oración terrible".

Encontré esto en el libro de la Sra. Gaskell *Los amantes de Sylvia*. Sylvia se niega a perdonar al hombre que provocó la condena de su padre como criminal (y era un criminal) y su ejecución. Una señora le dice a Sylvia: "En la Biblia dice, Sylvia, que debemos perdonar". Ella responde: "Hay cosas que sé que nunca perdonaré y hay otras que no puedo, y tampoco lo haré". "Pero Sylvia, tu oras para que te perdonen tus ofensas como tú perdonas a los que te ofenden". Sylvia entonces dice: "Bueno, si me han de tomar la palabra no oraré en absoluto, eso es todo. Está bien que los que tienen poco que perdonar usen esas palabras. Te digo que mi carne y mi sangre no fueron hechas para perdonar y olvidar... Cuando amo, amo, cuando odio, odio, y a quien me ha hecho daño a mí o a los míos puedo evitar golpearlo o asesinarlo, pero nunca lo perdonaré".

Este es un pasaje muy humano, pero trágico, porque encuentra eco en nuestros corazones y porque el perdón no consiste solo

Perdónanos nuestras ofensas, como también hemos perdonado

en evitar hacer daño a alguien, sino en ir hacia esa persona y restablecer las relaciones.

Una vez me acerqué a una mujer que sabía que no se hablaba con otra mujer de la iglesia y le dije: "¿No puedes perdonarle lo que ha hecho?". Ella respondió: "Ya lo he hecho. Ya no le hablo, pero la he perdonado". Le contesté: "No la has perdonado. No llames a eso perdón". "Bueno", dijo ella, "no voy a hacerle ningún daño y no voy a decir nada contra ella". Pero siguió sin decirle una sola palabra, y eso no es perdón.

Esto me resulta muy duro. Es algo raro y hermoso cuando vemos a seres humanos perdonarse unos a otros. Recuerdo haber leído de un hombre de negocios que fue a la India con su joven esposa. Viajó por toda la India por negocios mientras ella se quedaba en Calcuta. Se metió en malos caminos, tuvo problemas con mujeres y maleantes, y destrozó su vida. Ella se preguntaba qué le pasaba y no dejaba de preguntarle por qué parecía tan preocupado y por qué adelgazaba. Él no le decía nada, solo que estaba ocupado.

Un día no aguantó más y le contó toda la sórdida historia. Ella se tambaleó contra la pared como si la hubiera golpeado con un látigo. Él dijo: "Por primera vez en mi vida vi el amor crucificado por el pecado". Entonces, y este es el punto de la historia, ella hizo una cosa hermosa. Vino y puso sus brazos alrededor de su cuello y dijo: "Vamos a arreglar esto juntos". Eso es perdón verdadero, algo raro y hermoso.

Recuerdo haberlo visto en Berlín. Allí conocí a Betty Elliott, cuyo marido fue asesinado por los indios auca. Caminaba tomada del brazo con dos indios auca que habían asesinado a su marido y la habían dejado viuda, y como no sabían nada de la civilización occidental y habían venido directamente de la selva, ella les enseñaba a usar el cuchillo y el tenedor, a ir al baño, todo lo que había que enseñarles, como a niños pequeños. Esa es la dificultad práctica del perdón. ¿Cómo puede una mujer así enseñar y ayudar a los asesinos de su marido?

Esa es la dificultad práctica de decir: "Como nosotros

EL PADRENUESTRO

perdonamos". No son las dificultades intelectuales las que impiden a alguien decir el Padrenuestro sino esto. La otra dificultad práctica está en la frase "perdónanos". No sé si alguna vez se dio cuenta de lo difícil que es que Dios nos perdone. Con nosotros, si no puedo perdonar a mi prójimo es por mi orgullo, es por mí mismo, por mi reputación, por mis derechos, y tengo que crucificarme a mí mismo para perdonar a la otra persona, pero con Dios no es eso. No es orgullo. ¿Por qué Dios encuentra dificultades? Por su pureza, por su santidad, por su bondad. Él no puede soportar el pecado en absoluto. Lo odia.

¿Cómo sortea él la dificultad de mis deudas? Pagándolas por mí. Eso es lo único que hace posible que Dios perdone mis deudas. La palabra "perdonar" en hebreo significa dos cosas. Significa condonar una deuda y también significa pagarla. La misma palabra sirve para ambas cosas. En Oriente Próximo, si uno está endeudado, sus deudas se escriben en una hoja de papel y se colocan en el mercado para que todo el mundo las vea. Eso es un incentivo añadido para que se paguen rápidamente. Pero si un hombre está dispuesto a pagar su deuda y cancelarla por usted, vendrá y doblará la hoja, la atravesará con un clavo y escribirá su propio nombre en la hoja de papel, y sus deudas se habrán acabado.

En Colosenses 2:14 Pablo dice que Dios ha tomado en Cristo la obligación de las deudas, que estaba escrita contra nosotros, y la ha clavado en la cruz. La ha terminado y ha escrito en ella el nombre de Jesús. "Perdónanos nuestras deudas". Es tan difícil para Dios perdonarnos como lo es para nosotros perdonar a los demás, pero las dificultades prácticas se resolvieron en la cruz y todo acto de perdón está escrito en la sangre de Jesús.

Por último, ¿hay algo como la alegría del perdón, de saber que se ha acabado, de saber que la persona que lo ha perdonado no volverá a mencionarlo, de saber que lo ama, que le dará el ternero cebado, el anillo en el dedo, los zapatos en los pies, la túnica en la espalda y lo llevará a casa? Eso es el perdón. "Perdónanos nuestras deudas", todo lo que te debemos cada día.

Y NO NOS DEJES CAER EN TENTACIÓN, SINO LÍBRANOS DEL MALIGNO

Supongo que nunca tendré la oportunidad, pero me he encontrado reflexionando sobre la posibilidad de que alguna vez me inviten al palacio de Buckingham para hablar con la reina, y pensando que, si alguna vez surgiera, lo primero que me preocuparía sería encontrar a alguien que me dijera cómo comportarme y qué decir, alguien que estuviera acostumbrado a reunirse con ella y que me dijera cuándo decir "Majestad" y cuándo decir "Señora" y todo lo demás, y cómo llegar a su presencia y cómo hablarle, y si hay algo que me gustaría pedirle, cómo hacerlo. Supongo que la mejor persona para ayudarme en esto sería el príncipe Carlos, y si me dijera: "Muy bien, estoy acostumbrado a ella, te diré cómo llegar a su presencia y qué decir", le estaría muy agradecido. Puede parecer una manera un poco tonta de empezar, pero quiero recordarle que siempre que ora se acerca al trono del universo y al Rey de reyes.

Estaríamos muy equivocados si nos precipitáramos a la presencia de Dios sin molestarnos en preguntarnos: ¿cómo llegamos a Dios? ¿Qué le decimos cuando nos encontramos con él? Lo sorprendente es que su propio Hijo nos ha enseñado cómo dirigirnos a él, cómo presentarle una petición cuando llegamos a su presencia real. El Padrenuestro no es otra cosa que el mismísimo Príncipe de Paz diciéndonos cómo acercarnos a su Padre. Por eso estudiamos el Padrenuestro, para no precipitarnos bruscamente ante la presencia de Dios y soltar palabras sin darnos cuenta de a quién hemos venido ni de lo que debemos decir.

Ahora bien, la primera regla de etiqueta cuando uno se acerca al trono del cielo es hablar de lo que Dios quiere antes de hablar de lo que uno quiere. Sin embargo, en muchas de nuestras oraciones nos apresuramos con nuestra lista de compras antes incluso de empezar a pensar: ¿sobre qué le gustaría a *él* que ore? Por eso, el Padrenuestro nos dice que pidamos tres cosas para Dios antes de traer las nuestras. Debemos orar para que su nombre sea honrado y santificado, para que venga su reino, para que se haga su voluntad, para que estas tres cosas de reverencia, lealtad y obediencia se manifiesten entre nosotros. Pero, habiendo dicho esto, es entonces nuestro gran privilegio traer nuestras necesidades, y hay tres necesidades básicas que tengo cada día de la vida. Necesito comida. Necesito perdón. Necesito libertad.

Estas son las tres necesidades básicas de todos en la tierra, cada veinticuatro horas: alimento para el cuerpo, perdón por mis pecados y libertad para mi alma. ¿Por qué libertad? Esa palabra no aparece en el Padrenuestro. La utilizo porque solo hay un tipo real de libertad. He oído definir la libertad de muchas maneras. El presidente Roosevelt la definió como la libertad de vivir sin necesidad, la libertad de vivir sin miedo, la libertad de trabajar y la libertad de culto. Puede ser una buena definición, pero no es la de la Biblia. Luego están los que dicen que la verdadera libertad es la libertad de la guerra, la libertad de la hambruna, la libertad de la enfermedad, la libertad del hambre, ese tipo de cosas. Hay muchos que luchan por ese tipo de libertad. Luego hay otros que dicen que la libertad es libertad frente a la autoridad, libertad para que no le digan lo que tiene que hacer, libertad frente a lo establecido, libertad frente a las convenciones. Hay mucha gente hoy en día que confunden eso con la verdadera libertad.

Luego están los que piensan que la libertad es libertad para hacer el mal, libertad para hacer exactamente lo que uno quiere, libertad para hacer lo que me gusta. Pero eso no es libertad sino pura esclavitud. Cuando alguien ha hecho eso durante algunos años es un esclavo. No conoce la libertad. Recuerdo a dos borrachos en lo alto de un autobús que discutían sobre el recibimiento que les darían sus esposas cuando llegaran a casa. Uno preparaba claramente su discurso y lo ensayaba con el otro. Decía: "Bueno, cuando la vea y ella me vea, diré: 'Soy libre, ¿no?'". Pero él no era libre. Era un pobre hombrecillo encadenado. La verdadera libertad es la libertad de hacer lo correcto. Esa es la única libertad real que existe. Es por esta libertad por la que tenemos que orar cada veinticuatro horas de la vida. Esta es una oración para los cristianos, y esta es una libertad que los cristianos no tendrán a menos que oren por ella diariamente: "Líbranos del mal". Esa es la verdadera libertad. Cuando alguien es libre de las cadenas de sus propios malos hábitos y puede romper las cosas malas de las que en sus mejores momentos se arrepiente, cuando alguien puede deshacerse de las cadenas de su pasado y vivir como sabe que está destinado a vivir, entonces esa persona es libre y nadie puede encadenarla. Puede que otros la encarcelen, e incluso puede que enfrente el martirio, pero esa persona es libre para hacer lo que es correcto.

Esa es la libertad que ofrece la Biblia. No le ofrece la libertad para hacer el mal, porque eso es esclavitud y servidumbre. Le ofrece la libertad para hacer lo correcto, liberación del mal. Me temo que esta frase ha causado mucha división de opiniones, especialmente la primera parte de esta petición: "No nos dejes caer en tentación". He encontrado una increíble variedad de traducciones. He aquí algunas de ellas: "Guárdanos de la tentación", "no nos lleves a la prueba", "no nos dejes estar sujetos a la tentación", "no nos lleves a una prueba que supere nuestras fuerzas", "no nos lleves al punto de ruptura", "guíanos lejos de la tentación", "líbranos de la prueba que supera nuestras fuerzas".

La verdadera dificultad es que la Biblia dice claramente que Dios nunca tienta a nadie. ¿Cómo podemos entonces pedirle que no haga algo que nunca haría de todos modos?

¿De dónde vienen las tentaciones? Solo vienen de tres fuentes. Pueden venir de la carne, del mundo o del diablo, pero ciertamente no de Dios. Usted nunca fue tentado por Dios en su vida y nunca lo será. Con la palabra "carne" no solo me refiero al cuerpo. Me refiero a este cuerpo y a los hábitos que construí en él antes de conocer a Cristo. Me refiero al viejo yo. Me refiero a la persona que era antes de que él me liberara.

Los viejos hábitos vuelven y las viejas debilidades reaparecen a veces años después de nuestra conversión. Sería deshonesto de parte de cualquier cristiano levantarse y decir "ahora estoy más allá de la tentación" porque no es verdad. La vieja carne todavía anda por ahí. Está muerta pero no se acuesta, y eso nos preocupa.

El mundo es la segunda fuente. Me refiero a la sociedad que nos rodea, a los anuncios que nos lanzan sus mensajes, a los hábitos de la gente con la que trabajamos, a la forma de vivir de la gente de al lado. Esto es lo que entiendo por el mundo.

La tercera fuente es el diablo mismo. ¿No deberíamos orar sobre una de estas tres fuentes de tentación?

Una vez más, espero no plantearle problemas que no tenía en mente desde el principio. Si no lo estaban, olvídelos. Pero sé que este problema puede estar en su mente. Permítame darle una pequeña pista que podría ayudarlo. La palabra traducida "tentación" es una palabra en el idioma griego que en realidad significa dos cosas diferentes. Puede ser traducida como "tentar" o "probar". En el idioma griego la misma palabra sirve para las dos cosas y puede significar una cosa buena o una cosa mala.

Poner a prueba a alguien no es necesariamente malo. Es bueno, porque cuando ponemos a prueba a una persona esperamos que apruebe y tenga éxito, y se convierta en una persona mejor y más fuerte. ¿Por qué tenemos exámenes de conducir? Un examen sirve para que la gente deje de hacer lo malo, y esta misma palabra puede usarse para la palabra "prueba". De hecho, la versión New English Bible dice: "No nos lleves a la prueba". ¿Es ese el significado, entonces? No cabe duda de que Dios pone a prueba a su pueblo. En Génesis se dice que puso a prueba a Abraham, y en ese capítulo no se menciona al diablo. Fue Dios quien puso a prueba a Abraham, y Abraham superó la prueba con éxito. Fue visto como el gran hombre que era, en que estaba preparado para dejar ir a su hijo que era muy querido para él. Pasó la prueba. Ese es el significado, y si la versión New English Bible está en lo correcto al decir "prueba" ¿por qué deberíamos pedir ser liberados de las pruebas? Es como si un estudiante universitario pidiera que se le dispensara de los exámenes, o como si alguien que empieza a conducir pidiera que se le dispensara del examen de conducir. ¿Por qué debemos orar para no ser llevados a la prueba? Sabiendo que cuando somos probados, y si salimos adelante, somos más fuertes y mejores y más claramente hijos de Dios de lo que éramos antes, Santiago dice: "Considérense muy dichosos" cuando lleguen estas pruebas. Estas pruebas lo hacen firme, lo prueban y lo hacen un mejor cristiano.

Así que tengo que decir que debo descartar este buen significado de la palabra "prueba" porque no creo que tengamos ningún derecho a pedir ser librados de las pruebas y tribulaciones que nos probarán y fortalecerán. Además, si eso es lo que significa no enlaza con la segunda frase "... sino líbranos del maligno". No tendría sentido y se convertiría en una contradicción. Así que tenemos que buscar más. Francamente, creo que no se puede alterar la palabra "tentación". Es "no nos dejes caer en tentación". Ahora bien, ha habido muchos intentos de atenuarla. Alguien trató de modificarlo para que diga: "Guíanos, no a la tentación, sino del mal", como una oración de guía. Pero, sinceramente, creo que no es la forma de manejarlo. Luego ha habido quienes lo han suavizado diciendo: "líbranos de él", con el mismo sentido que "sácanos de". "Así que seremos guiados fuera de la tentación. La traducción de Phlips hace esto: "aléjanos de la tentación". Pero esa no es la oración, y parece una manera indirecta de decirla. ¿Por qué nuestro Señor no nos dijo que dijéramos "líbranos de la tentación" si eso era lo que quería decir? Lo que nos dijo que oráramos es "no nos dejes caer en tentación". Debo tomar esto en su significado más simple y claro. No dice "no nos tientes". Eso sería erróneo

EL PADRENUESTRO

"No nos dejes caer en tentación" implica dos verdades profundas. Una: Dios *podría llevarnos* a la tentación, y dos, bajo ciertas circunstancias Dios *nos llevaría* a la tentación. Ahora debo tratar de justificar esas extraordinarias afirmaciones. Si esta frase significa lo que dice, esas dos cosas son ciertas. Permítame tomar la primera. ¿Podría Dios alguna vez llevar a alguien a la tentación? La respuesta es que sí. Lucas 4 tiene esta declaración: "Entonces Jesús fue llevado por el Espíritu al desierto para ser tentado por el diablo". No hace falta ir más allá de la vida de Jesús para saber que Dios llevó a su propio Hijo a la tentación. Fue conducido por el Espíritu de Dios, no por un espíritu maligno. Fue llevado por el Espíritu de Dios a ser tentado por el diablo. Dios tenía un propósito que cumplir. Pero aquí está la diferencia, y debo ir con cuidado y despacio para que me siga todo el camino. Hay una profunda diferencia entre Dios guiando a Cristo a la tentación y Dios guiándome a mí. ¿Cuál es la diferencia? Yo no puedo soportarlo tan bien como Cristo. ¿Por qué? Porque no vengo al diablo como alguien que ha logrado escapar de sus garras. Vengo como alguien que ya ha sido tentado y ha caído. Vengo al cuadrilátero con alguien con quien ya he luchado y he perdido. Vengo a enfrentarme a una persona que ya sabe cómo apoderarse de mí. Pero cuando Jesús se enfrentó al diablo no conocía esa experiencia de ser tentado hasta la derrota.

Por eso oro en esta oración "Señor, pudiste llevar a tu propio Hijo a la tentación, pero por favor no me lleves allí. El diablo ya tiene algo contra mí. Ya se ha apoderado de mí y no debo entrar en el cuadrilátero con él".

Pero eso solo me lleva a otro problema. ¿En qué circunstancias me haría Dios lo que le hizo a Jesús? ¿En qué situaciones me llevaría a la tentación de enfrentarme al diablo? ¿Por qué lo haría? Ahora debo ir a un pasaje notable de 1 Corintios 5, en el que hay una frase extraordinaria. Pablo está escribiendo a una iglesia: "Es ya del dominio público que hay entre ustedes un caso de inmoralidad sexual que ni siquiera entre los paganos se tolera, a saber, que uno de ustedes tiene por mujer a la esposa de su padre… Cuando se reúnan y yo los acompañe en espíritu, en el nombre de nuestro Señor Jesús y con su poder, entreguen a este hombre a Satanás para destrucción de su carne a fin de que su espíritu sea salvo en el día del Señor". Esta es una de las declaraciones más sorprendentes. Si un hombre en su comunidad estuviera en este tipo de situación inmoral que fuera ampliamente conocida, creo que usted probablemente oraría para que él pueda ser liberado de Satanás. Pero el Nuevo Testamento enseña que la mejor manera de tratar con él es entregarlo a Satanás. ¿Por qué? Porque esa es la única manera de salvar su espíritu. En otras palabras, hay una situación en la cual usted debe ser entregado a Satanás por su propio bien. Ahora déjeme ir aún más cuidadosa y lentamente aquí, porque estamos en una verdad espiritual muy profunda. Lo que Dios está diciendo a través de Pablo aquí es que llega un punto en que la mejor manera en que podemos ayudar a una persona es exponiéndola a la tentación. Solo así llegará a darse cuenta de su necesidad de volver a Dios, y en ciertas circunstancias se debe permitir que alguien que está jugando con el pecado vaya más allá, para que vea adónde lo lleva su camino y vuelva a Dios, aunque sea a costa de la destrucción de su cuerpo, si se puede salvar su alma. En otras palabras, una situación terrible y peligrosa necesita un remedio drástico.

¿Puedo aplicarlo ahora a nosotros? Cuando empiezo el día sin pedir a Dios que no me deje caer en la tentación y que me libre del maligno, salgo al mundo muy confiado, muy seguro de que puedo hacer frente a cualquier situación, de que puedo mantenerme puro y limpio y de que puedo vivir una vida cristiana. ¿Cómo es posible que Dios me enseñe que yo no puedo? ¿Cómo puede enseñarme lo tonto que estoy siendo? Hay una manera y solo una manera en que Dios puede hacer eso. Es decir: "Te llevaré a una posición en la que la tentación será demasiado para ti. Es la única manera en que te recuperaré. Es la única manera de que veas que no puedes salir tan confiadamente y vivir la vida que debías vivir con tus *propias* fuerzas".

Sé por amarga experiencia, y me atrevo a decir que usted también lo sabe, que cuando sale al día sin pedirle a Dios que lo proteja del mal, muy pronto descubre que la tentación es más fuerte ese día de lo que lo ha sido durante mucho tiempo. Siente que el diablo es real y se encuentra en medio de una batalla. Puede ser que Dios lo haya conducido a esa batalla y le haya llevado a la tentación para que se dé cuenta de que no va a superar el día por su cuenta. Es su manera drástica de hacerlo volver a él. Es decir: "Has elegido este camino. Recórrelo hasta que te des cuenta de que vuelves a necesitarme". Así que deberíamos empezar el día diciéndole a Dios: "Dios, por favor, no me trates así hoy. Dios, vengo al principio del día. Te pido que hoy me libres del mal para que no tengas que llevarme a la tentación para darme una lección. Solo líbrame del maligno".

En otras palabras, "No me dejes caer en la tentación, pero líbrame del maligno". El "pero" tiene sentido. No trates conmigo de esa manera sino de esta manera. Garantizo que un creyente que ora eso al comienzo del día verá que las tentaciones pierden su poder ese día. Pero también le garantizo que, si no empieza el día así, las tentaciones aumentarán su poder. Es la manera que tiene Dios de disciplinarlo como hijo suyo. Recuerdo que un padre me dijo que estaban tratando de que su hijo dejara de fumar. Intentaban una y otra vez prohibírselo, castigarlo, y no llegaban a ninguna parte. Así que, finalmente, dieron con la mejor manera. Le dijeron: "Aquí tienes. Aquí tienes una caja de puros, ahora fúmatelos. Vamos, fúmatelos todos". El chico lo hizo y los compartió con sus amigos y tuvieron un fin de semana terrible. Nunca más volvió a fumar. Dios es nuestro Padre celestial y a veces nos dice: "Muy bien, si no quieres aprender a confiar en mí por el camino fácil, entonces ve por este camino. Te llevaré a la tentación. Mira cómo te va sin mi ayuda y pronto volverás".

Así que pasamos a la segunda parte de esta oración, pero antes quizá debería mencionar algo más. En 1 Corintios 10:13 dice:

"Dios es fiel y no permitirá que ustedes sean tentados más allá de lo que puedan aguantar. Más bien, cuando llegue la tentación, él les dará también una salida a fin de que puedan resistir". Si Dios me llevara a la tentación sin proporcionarme al mismo tiempo una vía de escape, entonces me estaría haciendo pecar y eso no sería propio de Dios y poco santo. Pero Dios, incluso cuando me lleva a la tentación, me seguirá al mismo tiempo con una vía de escape para que cuando me dé cuenta de que lo necesito, en ese momento pueda salir de esa tentación. En otras palabras, Dios me llevará más profundamente a la tentación, pero me seguirá con una vía de escape si estoy dispuesto a aprender. En cuanto lo haga, saldré de ella. Pero si alguien reclama esa promesa en 1 Corintios 10:13 como protección contra la posibilidad de pecar, entonces debería leer 1 Corintios 10:12, el versículo anterior: "Si alguien piensa que está firme, tenga cuidado de no caer".

A partir de ahora todo es barranca abajo: "Sino líbranos del mal". Nadie se opone a esto, pero aún no hemos terminado, porque hay otro problema. No existe tal *cosa* como el mal. No me malinterprete. No me he convertido en un Científico Cristiano, y no he aceptado las filosofías que niegan la realidad del mal. Pero no puede mostrarme un manojo de mal. *Solo hay personas malas*. Igual que en realidad no existe el amor sino solo *personas amorosas*. A veces hablamos como si la bondad y la maldad fueran cosas que se pueden empaquetar, que existen aparte de las personas. Pero no es así. El único mal en el mundo se encuentra en las personas malas, y si no hubiera personas en el mundo no habría mal en él. Además, si Dios no fuera amor no habría amor. El amor no existe por sí mismo, y el mal no existe por sí mismo. Entonces, cuando decimos "líbranos del mal", ¿qué queremos decir? No queremos decir que nos libre de algo impersonal, de una especie de fuerza que nos rodea. Es interesante que Jesús nos dijera que oráramos: "... líbranos del maligno". No del mal como algo vago, sino del *maligno*, de la persona que encarna el mal. Siempre que ore, cada día, debe mencionar a Satanás en sus oraciones de acuerdo con esto. Debes orar deliberadamente contra el diablo cuando ore, de lo contrario será literalmente una presa para él. En la Biblia, desde el principio, el mal es algo personal. El mal llega a Adán y Eva hablando como una persona, y de un extremo a otro el mal es una persona. Alguien ha dicho recientemente que el diablo nunca hizo una obra más eficaz que cuando persuadió al hombre para que no creyera en él. Nunca se ría del diablo. Tómelo tan en serio como nuestro Señor lo tomó. Lo tomó en serio al comienzo de su ministerio y de las tentaciones, y hasta el final. Dijo: "Miren, esta mujer lleva dieciocho años atada por Satanás", y con una palabra la liberó. En todo momento decía: "Apártate de mí, Satanás". Incluso cuando llegó a la cruz dijo: "Ahora ha sido expulsado el príncipe de este mundo". No creo que entienda la situación real si no cree en un demonio personal. No un diablillo negro, sino una persona poderosa y muy inteligente que nos conoce mejor que nosotros a él, que es un mentiroso, un calumniador y un asesino, que es tan sutil que no lo reconoceríamos aunque apareciera ante nosotros. A veces, cuando aparece, lo hace como un ángel de luz. A veces se nos presenta detrás de la cara de nuestro mejor amigo y tenemos que decirle a ese amigo: "Apártate de mí, Satanás", como le dijo Jesús a Pedro.

El diablo es como un león al acecho. Es un dragón rojo. Es una bestia. Es una serpiente astuta. Usted no es rival para él en absoluto. Jesús dijo del diablo que él es el dios de este mundo, la persona que la gente realmente adora. Es el príncipe de este mundo. Es el gobernante de este mundo. Las personas que leen y ven las noticias sobre los horrores de la vida en nuestro mundo están leyendo lo que el gobernante de este mundo está haciendo con las vidas humanas. Puede que los medios de comunicación no lo mencionen a menudo por su nombre, pero a veces lo hacen. Los periódicos que parecen deleitarse en publicar las debilidades y pecados de la humanidad son los que con más frecuencia mencionan la adoración del diablo.

Por eso, cuando oro "líbranos del maligno" estoy reconociendo tres grandes verdades sobre nuestro mundo. Verdad número uno: Necesito ser liberado de Satanás. Verdad número dos: no puedo librarme yo mismo de Satanás. Verdad número tres: el Señor puede librarme. Considere la primera verdad, que necesito ser liberado de Satanás. ¿Por qué? Porque nací en su reino, porque mi cuerpo vino a su mundo, porque desde la primera vez que lloré fui ciudadano del reino de Satanás. A medida que crecía me resultaba más fácil decir no que sí. Me resultaba más fácil mentir que decir la verdad. Me resultaba más fácil ser malo que bueno. Me crie en su reino. Por eso necesito ser liberado de él. Me tuvo durante años, y Cristo me liberó.

Por eso necesito orar para ser liberado. Soy uno de sus viejos amigos. Soy una de sus antiguas víctimas. Soy uno de sus antiguos ciudadanos. "Líbranos del maligno", y porque sigo viviendo en este mundo y seguiré hasta que muera, no estoy fuera del alcance del control de Satanás. Mi cuerpo no está fuera de su alcance. Jesús enseñó que la enfermedad es obra de Satanás. Veo gente enferma, y no están fuera del alcance de Satanás. Nadie lo está hasta que muere. Mientras vivamos en su mundo estamos a su alcance, así que cada día tenemos que decir: "Líbranos del maligno". Así que reconozco mi necesidad de ser librado del maligno.

En segundo lugar, reconozco que no puedo librarme a mí mismo del maligno. ¡Qué tonto soy si lo intento! Él es más sutil que yo. Es más fuerte que yo. Es superior a mí en todo, excepto en que soy creyente, y me conoce muy bien. Tiene un intelecto brillante. Puede discutir conmigo hasta que me encuentre argumentando a favor del pecado, hasta que pueda justificar lo que está mal. Si creo que puedo hacerle frente por mí mismo, no puedo, así que debo reconocer que no puedo librarme por mí mismo.

Pero, en tercer lugar, puedo ser liberado por Dios en Cristo. Eso es lo que reconozco cuando oro esta oración. Los Evangelios dejan claro que, en Jesús, Satanás se encontró con la horma de su zapato, que siempre que se enfrentaban, Jesús ganaba. Incluso en la cruz, cuando Satanás lanzó todo lo que tenía contra Cristo,

EL PADRENUESTRO

Jesús dijo: "Ahora ha sido expulsado el príncipe de este mundo. Yo estoy ganando". Cuando gritó: "Consumado es", fue un grito de victoria, y "desarmó a los poderes y a las autoridades y, por medio de Cristo, los humilló en público al exhibirlos en su desfile triunfal". Solo hay una persona en toda la historia de la raza humana que ha derrotado a Satanás desde el nacimiento hasta la muerte, y esa persona es Jesucristo.

Lamento que el Salmo 23 haya sido tan malinterpretado. "El valle de sombra..." no tiene nada que ver con la muerte. Sin embargo, se dice en casi todos los funerales. La palabra "muerte" ni siquiera viene en el hebreo original del Salmo 23. El valle de sombra profunda, el valle de oscuridad, es un valle de *tentación*. Es un valle por el que usted y yo pasaremos esta semana, tanto si pasamos por la muerte como si no. Notamos que su miedo en el valle no es miedo a la muerte. Dice: "No temeré ningún mal". Lo que teme es el mal. ¿Por qué no teme al mal? Porque el Pastor está con él. "Tu vara, tu cayado". Con ellos, Dios combatirá el mal por mí. Puede ser que mañana por la mañana atraviese el valle de las profundas tinieblas y la tentación esté allí. Saldrá de él sin temer al mal porque el buen Pastor está con usted.

Cuando oro "líbranos del mal" estoy pidiendo que el Señor esté conmigo a lo largo del día. No me trates con dureza, Señor. No me empujes a la tentación para darme una lección. No me expongas a Satanás. No quiero aprender de esa manera. Quiero aprender de la mejor manera. Líbranos del mal. Que tu presencia esté conmigo en el valle de sombra. Entonces no temeré ningún mal.

El Padrenuestro comienza con Dios y termina con Satanás. Cuando oramos, nos acercamos a Dios. Después de orar, vamos a enfrentarnos a Satanás. Cuando oramos, vamos al cielo, pero luego bajamos a la tierra, al reino de Satanás. Por lo tanto, al orar "Padre nuestro que estás en los cielos", debemos ser conscientes del mal en la tierra. Acudimos a Dios en busca de nuestras necesidades: alimento, perdón y libertad para hacer el bien. "Señor, líbranos del mal", y salimos a disfrutar de la libertad de los hijos de Dios.

FINALIZAR EN ALABANZA

Hay dos razones por las que la Biblia necesita ser constantemente retraducida. En primer lugar, las palabras cambian de significado y a veces incluso llegan a significar lo contrario de lo que significaban hace algunos siglos. En segundo lugar, nuestro conocimiento de los manuscritos originales mejora enormemente con los años porque los arqueólogos desentierran diferentes copias antiguas de partes de la Biblia.

A medida que las copias que desentierran retroceden en años, acercándose más a la época en que realmente se escribió (y no tenemos ni un solo manuscrito original de toda la Biblia), obtenemos versiones cada vez más precisas. Podemos corregir las que tenemos. Me apresuro a añadir que, a pesar de todas las correcciones que los traductores han podido hacer porque han descubierto manuscritos anteriores, no fue necesario cambiar ni un solo elemento de la creencia o el comportamiento cristianos como consecuencia de ello. Así que, desde ese punto de vista, da igual la traducción que tenga. Sin embargo, naturalmente queremos una Biblia lo más exacta posible. Los eruditos están ahora convencidos de que tenemos el Nuevo Testamento en un 98% como fue escrito. Es un logro asombroso. No hay ningún otro libro de dos mil años de antigüedad que tengamos con esa exactitud.

Todavía hay algunas dudas sobre el 2% aproximadamente de las palabras del Nuevo Testamento, tan pocas que podemos dejarlas a un lado. Pero nos hemos llevado algunas sorpresas al descubrir copias anteriores de los escritos del Nuevo Testamento. Permítame mencionar una o dos. Fue un shock para algunas personas que la historia de la mujer sorprendida en adulterio en Juan 8 no se encuentra en las primeras copias. En las traducciones modernas no se encuentra en el texto. A otros les sorprendió comprobar que una parte de Marcos 16 no aparecía en las primeras copias de ese Evangelio, y es posible que la sección en cuestión aparezca a pie de página. Pero una de las mayores sorpresas que se llevaron quienes hicieron un estudio de las primeras copias fue que el Padrenuestro no contiene la frase: "... tuyo es el reino, el poder y la gloria, por los siglos de los siglos. Amén".

Estuve tentado de terminar este estudio con la frase "... no nos dejes caer en la tentación y líbranos del maligno". Pero habiéndolo pensado mejor, voy a continuar y completar el Padrenuestro tal y como lo conoce.

Esto plantea tres preguntas: ¿cuándo se añadió esta frase, de dónde procede y por qué se puso? Creo que, cuando hayamos respondido a estas tres preguntas, querremos estudiarla.

En primer lugar, ¿cuándo se añadió? La respuesta es dentro de los primeros cien años después de la muerte y resurrección de Jesucristo. En algunos de los primeros libros cristianos, el Padrenuestro está escrito con la frase al final, aunque no aparece en los Evangelios de Mateo o Lucas.

Entonces, ¿de dónde viene esta frase final? ¿Se sentó alguien a escribirla? ¿Se reunió un comité para tratar de mejorar los servicios de la iglesia y decidió, sobre una base litúrgica, mejorar el Padrenuestro? La respuesta es que procede de las únicas escrituras que tenían los primeros cristianos, el Antiguo Testamento. Era de 1 Crónicas 29. Lea la oración de David y vea si puede identificar esta frase: "¡Bendito seas, Señor, Dios de nuestro padre Israel, desde siempre y para siempre! Tuyos son, Señor, la grandeza y el poder, la gloria, la victoria y la majestad. Tuyo es todo cuanto hay en el cielo y en la tierra. Tuyo también es el reino" ¿Se da cuenta de que todo está ahí?

Parece como si los primeros cristianos, al leer esa oración de David, pensaran que era un final perfecto para la oración y lo añadieron al Padrenuestro, y desde entonces lo dicen los cristianos de Oriente y Occidente, los católicos romanos y los protestantes. Las iglesias de todo el mundo han incluido esta frase final. ¿Por qué se añadió? Algunos sugieren: para hacer la oración un poco más larga. Hay quienes piensan que una oración no es realmente una oración si no se ora durante mucho tiempo, ¡y para ellos el Padrenuestro puede parecer demasiado corto! Se puede terminar demasiado rápido. Pero no creo que esa sea la razón en absoluto.

También hay quien piensa que se ha añadido para redondearlo bien, como se redondea una carta: "atentamente" o "sinceramente". Tampoco creo que fuera por eso. Aunque encontré una oración de Navidad en el Libro de Oración Común, en el que la petición en sí es solo una frase muy corta y dos tercios de la Colecta es una conclusión: "por nuestro Señor Jesucristo mismo, que vive y reina contigo en el mismo Espíritu, siempre un solo Dios, por los siglos de los siglos. Amén". Esa conclusión es dos tercios de la oración. Entonces, ¿añadieron la frase final simplemente para redondear el Padrenuestro? No. ¿Lo hicieron porque no les gustaba terminar con el diablo? Ya le he dicho que el Padrenuestro comienza con "Padre nuestro" y termina mencionando al "maligno". ¿Era que a los cristianos no les gustaba terminar pensando en Satanás y querían volver de nuevo a Dios? Puede ser. Le diré por qué creo que fue así, pero no tengo pruebas. La frase "tuyo es el reino, el poder, la gloria, por los siglos de los siglos. Amén" no es oración, es *alabanza*.

Es una respuesta de alabanza a Dios. No es pedir una sola cosa. Es decir: Señor, antes de terminar de orar quiero alabarte, quiero decirte lo maravilloso que me pareces. Quiero dejar de pedirte cosas ahora y quiero dejar que mi corazón se llene de alabanzas, pensando en tu grandeza. Creo que por eso surgió. Creo que la razón por la que el Señor Jesús no les indicó que lo dijeran es que esta alabanza tiene que salir espontáneamente del corazón. Puede enseñar a una persona a orar, pero no puede enseñarle a alabar. La alabanza debe venir como una respuesta. Creo que el Señor les dijo por qué orar, pero dejó que los cristianos alabaran y descubrieran cómo alabar su nombre. Lo descubrieron con las palabras de David, y pensaron: "Así es como nos gustaría alabarlo".

Así que el Padrenuestro, tal como lo utilizamos hoy, no termina con una nota de oración, sino con una nota de alabanza: "tuyo es el reino, el poder y la gloria". Es solo una suposición mía. Puede rechazarla. Puede aceptar su propia suposición si tiene una mejor, pero yo me quedo con esa por ahora. Hay tres cosas que decimos en esta alabanza: tuyo es el reino; tuyo es el poder; tuya es la gloria. Veo en esas tres afirmaciones una declaración de fe, una declaración de esperanza y una declaración de amor. Usted no diría la primera a menos que fuera una persona de fe en Dios. No diría la segunda a menos que fuera una persona de esperanza en Dios. Ciertamente no diría la tercera a menos que fuera una persona que ama a Dios.

Veamos, pues, estas tres frases bajo esa luz. Decir "tuyo es el reino" es la declaración más asombrosa. Es una afirmación muy difícil de aceptar para la razón porque los hechos parecen estar en su contra. ¿Qué significa? Voy a decirlo en un español muy crudo. Significa: "Oh Dios, tú eres el jefe, tú estás a cargo, tú estás en la sala de control del universo. Tú lo organizas todo". ¿Puede mirar al mundo tal como lo conocemos y decir: "tuyo es el reino, tú estás en el trono?". Una niña fue a una reunión de mujeres de la iglesia con su madre y escuchó los estribillos, luego empezó a cantar los suyos: "¡Dios sigue al teléfono, Dios sigue al teléfono"! Eso es tremendo, pero si Dios solo está al teléfono y no en el trono, ¿para qué sirve orar? Si Dios solo está al teléfono, puede compadecerse de nosotros, pero no socorrernos. Puede decir: "Lo siento mucho por ti, pero tampoco puedo hacer nada, pero me compadezco de ti". ¿Qué sentido tiene pedirle a Dios que me dé el pan de cada día si no está en el trono y no manda? ¿Qué sentido tiene pedirle a Dios que controle mi vida y me libre de Satanás si Dios no está al mando? Es la base de toda la oración.

Finalizar en alabanza

O Dios es rey o no lo es, y si no lo es entonces no tiene sentido orar. ¿Por qué algunas personas parecen incapaces de decir esto? En primer lugar, porque no pueden ver visiblemente sus métodos de control. No pueden ver cómo Dios se conecta con los acontecimientos. Pueden ver los acontecimientos y decir: "¿Estuvo Dios en eso o no?". Otra razón es que muchas de las cosas que suceden parecen ser contrarias a su propósito y a su voluntad. Hay cosas en la naturaleza y en los asuntos humanos que parecen tan contradictorias que la gente se pregunta si Dios tiene el control.

Pero el cristiano, al final de su oración, afirma su fe y, en efecto, declara: "A pesar de todo lo que veo, tú estás en el trono (tuyo es el reino). Por eso oro, porque la oración cambiará las cosas, ya que tú mandas realmente. Haz todo esto que te he pedido: tú estás en el trono". Decir que Dios reina es un tremendo paso de fe.

La segunda afirmación es igualmente un paso de fe: "Tuyo es el *poder*". Ahora bien, hemos pasado por muchas edades diferentes: la edad de hielo, la edad de piedra, la edad de bronce, la edad de hierro, la edad atómica. Pero creo que el nombre que debería darse a esta era actual es la Era del Poder. La humanidad ha tenido el poder en sus manos durante mi vida como el hombre nunca antes lo había tenido. Estamos aprovechando los poderes del universo que nos rodea. Estamos aprovechando el sol, las mareas, el petróleo y muchos otros recursos y materias primas. Hablamos de grandes potencias mundiales, de bloques de poder, de corredores de poder. Hay potencias militares, financieras, ideológicas, tecnológicas. Es como una gigantesca caja de Pandora que alguien ha abierto y ha dejado salir a las potencias, y tenemos miedo. ¿Y por qué? La respuesta es: porque no creemos que la gente sea capaz de manejar ese poder adecuadamente. Aquí entra en juego la frase de Lord Acton, tan mal citada: "El poder tiende a corromper, y el poder absoluto tiende a corromper absolutamente". Si a alguien se le da un poder tremendo, se le puede subir a la cabeza. Puede hacer que se convierta en un dictador. Puede hacerle creer que es dios. Uno de mis textos favoritos, sobre el que prediqué en un país comunista en el que algunas personas tenían un gran poder sobre sus semejantes, era el Salmo 62:11: "Una vez habló Dios, dos veces lo he oído, que de Dios es el poder". Es un texto tremendo en la era del poder nuclear. El verdadero poder es el poder de Dios.

¿Qué significa el texto? Dos cosas. Significa, en primer lugar, que todos los poderes que el hombre está utilizando son recursos que Dios nos dio. Dios empaquetó el átomo. Dios encendió el sol. Un día tendremos que rendir cuentas a Dios de cómo hemos utilizado los poderes que nos dio, y hemos utilizado la mayor parte del poder que descubrimos para lanzar a la gente a la eternidad. Pero esto significa otra cosa. No es solo que el poder del hombre provenga de Dios, sino que el poder *sobre* el hombre es de Dios. El hombre puede controlar algunas cosas, pero ¿quién puede controlar al hombre? Dios puede. Dios tiene el poder de destruir y de crear. Tiene el poder de hacer cosas por la gente y con la gente que nadie más tiene el poder de hacer. Así que esta es una declaración de esperanza de que el mundo está en manos de un poder mayor que el que tiene el hombre.

A veces la gente me dice que tiene miedo de que la historia termine cuando alguien pulse el botón equivocado. Yo digo que no tengo miedo de eso, incluso si fuera a suceder, pero no creo que suceda. Dios tiene el dedo en el botón. Es el poder de Dios el que acabará con el mundo, no el poder del hombre. El poder pertenece a Dios. Los hombres no pueden acabar con el mundo. Entonces: *"Tuyo* es el poder". Pienso en aquella tremenda escena cuando Jesús estaba ante Pilato, y Pilato ya mostraba signos de nerviosismo y pregunta: "¿Por qué no me respondes? ¿No sabes que tengo el poder de matarte o de liberarte?". Jesús respondió con calma: "No tendrías poder contra mí si no te fuera dado de lo alto". Ésa es también la calma de un cristiano que ora el Padrenuestro, que puede decir a cualquier cosa: "No tienes ningún poder contra mí a menos que te sea dado de Dios".

Finalizar en alabanza

Por último: "tuya es la *gloria*". Ahora bien, "gloria" es una palabra en desuso. Un amigo mío fue a un instituto y escribió la palabra "glorificación" en la pizarra para ver si alguno de los alumnos tenía idea de lo que significaba. Preguntó: "¿Qué significa?". Una mano se levantó: "Es un champú, señor". Fue la única respuesta que obtuvo. ¿Qué es la glorificación? La propia palabra "glorificación" está en desuso, así que permítanme que intente expresarlo de nuevo en un español más sencillo, quizá más crudo. "Luz de escenario" es un buen equivalente, porque la gloria siempre tiene que ver con la luz, y en lugar de decir dar a alguien la gloria hoy en día podríamos hablar de darle la luz de escenario. Eso es acercarse al significado: darles el crédito, darles la publicidad. Todo esto está en la palabra "gloria", e incluso hablamos de disfrutar de la gloria reflejada cuando queremos decir que compartimos un poco el mérito o la publicidad. Así que lo que estamos diciendo aquí es: dele a Dios el crédito.

En la Abadía de Westminster hay un monumento conmemorativo muy interesante que nombra al hombre famoso al que conmemora en unas tres líneas en la parte superior de la lápida. El resto de la lápida está dedicado a describir al hombre que pagó para que se colocara. Es una descripción de este personaje desconocido que no hacía más que subirse al carro del famoso. Ahí está, todo lo que este hombrecillo había hecho, y tres cuartas partes de la lápida están ocupadas por su pellizco de la gloria de (creo) un gran soldado.

Me temo que incluso en nuestro servicio cristiano podemos hacer esto. Dios es un Dios celoso y no compartirá su gloria con otro. Si exaltamos demasiado a un papa o a un evangelista o a un predicador o a un cantante, estamos haciendo lo que esta oración y esta alabanza prohíben absolutamente. "Tuya es la gloria". Hay dos ejemplos terribles en la Biblia de hombres que se arrogaron la gloria hasta el punto de empezar a creerse dioses. Uno fue Nabucodonosor, que decidió construir un palacio que sería el más grande y el mejor se hubiera visto jamás. Construyó el palacio y llegó a ser conocido como una de las Siete Maravillas del Mundo, con sus jardines colgantes. Un día, paseando por los jardines colgantes y contemplando este magnífico palacio, dijo: "¿No es ésta la gran Babilonia que he construido con mi poderoso poder como residencia real y para gloria de mi majestad?". No era un hombre muy humilde, obviamente. Los siguientes versículos de la Biblia dicen que unos días después perdió la razón y se volvió loco. Se fue a vivir al bosque como un animal, le crecieron las uñas como garras y el pelo como plumas, comió hierba y estuvo loco durante un año, hasta que recobró el sentido y se dio cuenta de lo que había ido mal y de por qué se había vuelto loco. Se dio cuenta de que hay que dar gloria a Dios, y desde entonces lo hizo. Dios lo restauró y le permitió volver a los jardines colgantes de Babilonia. Durante el resto de su vida dio gloria a Dios por sus logros. Es una historia maravillosa porque terminó felizmente.

Hay un hombre en el Nuevo Testamento que no terminó felizmente: Herodes (no el Herodes que estaba vivo cuando nació Jesús, sino el Herodes ante el que se presentó Pablo). Este Herodes apareció un día en el balcón de su palacio y acudieron las multitudes. Les habló con gran oratoria. La multitud empezó a gritar y a corear: "Es la voz de un dios, no de un hombre". Él escuchó esto y lo aceptó, y se quedó allí y pensó: "Soy un dios". La Biblia dice: "Por no dar la gloria a Dios se lo comieron los gusanos". Ese hombre se desplomó en ese balcón ese día y tuvo el final más ignominioso e indigno que una persona puede tener, porque no le dio la gloria a Dios.

Hace algunas décadas, un expositor de las conferencias Reith comenzó diciendo que los logros tecnológicos del hombre moderno significaban que el hombre había alcanzado su divinidad, que el hombre se había convertido en dios. Cuando oye eso, los celos de Dios se desbordan: la gloria es de Dios. Si hay algo que haya hecho usted que tenga algún valor, dele la gloria a Dios. Si hay algo que haya logrado, algo que haya hecho por sus semejantes, dele la gloria a Dios.

Finalizar en alabanza

En una iglesia en la que trabajé teníamos un fondo de construcción al que la gente contribuía. Pero le dije a la congregación: "Lean 1 Crónicas 29, porque David dijo cuando obtuvo un gran resultado para su fondo de construcción: 'Oh Dios, todo esto fue obra tuya, no nuestra. Solo te dimos lo que era tuyo. No podríamos habértelo dado si tú no nos lo hubieras dado'". Fue entonces cuando David dijo: "Tuyo es el reino. Tuyo es el poder. Tuya es la gloria". Así que hagamos lo que hagamos, démosle a Dios la gloria.

¿Sabe que convertirse en cristiano hace esto? He hablado con muchas personas que trataron desesperadamente de ser cristianas. Se esforzaban por ser lo suficientemente buenos. Imitaban a los cristianos. Iban a la iglesia, leían la Biblia, y no avanzaban. ¿Por qué? Porque intentaban hacerlo ellos mismos. Intentaban *lograr* el cristianismo y nunca se puede. ¿Por qué? Porque Dios no nos permitirá gloriarnos en nuestras propias obras, para que nadie se jacte. Dios lo hará cristiano si confía en el en vez de intentar. Comenzamos nuestra vida cristiana completamente dependientes de Dios. No podemos jactarnos de ser cristianos. Si alguien me dice "¿Eres cristiano?", diré que sí, pero eso no significa que me crea mejor que ellos. Simplemente significa que Dios hizo algo por mí que yo no podía hacer por mí mismo. A lo largo de nuestra vida cristiana, si logramos algo, ya sea predicando, enseñando en la escuela dominical, trabajo misionero o en la simple vida piadosa, no es nuestro trabajo sino el trabajo de Dios.

Toda la gloria es de Dios. "La tierra será llena del conocimiento de la gloria de Dios como las aguas cubren el mar". La Biblia termina con ese resplandor de gloria para Dios. Pero hay dos pequeños términos más: *por los siglos de los siglos* es uno de ellos. ¿Se da cuenta de que no hay ningún otro reino, ningún otro poder, ninguna otra gloria de la que se pueda decir "Por los siglos de los siglos"? Solo hay un reino que durará para siempre. Todos los demás reinos del mundo se levantan y caen. Me han dicho que no hay poder que el hombre haya descubierto que no se agote

EL PADRENUESTRO

algún día. Incluso el sol se quedará sin energía. Nuestras reservas de petróleo y carbón se agotarán, cualquier otra energía se agotará, el uranio se agotará, pero el poder de Dios es para siempre. En una librería vi una serie de libros de bolsillo: La gloria que fue Roma, La gloria que fue Grecia. Una serie entera, pero era toda la gloria que había sido. El trono del Señor nunca pasará. La última palabra del Padrenuestro es una palabra tremenda: *Amén*. No es una especie de "Oigan, oigan" religioso. No es solo una forma conveniente de indicar cuando se ha llegado al final de la oración. "Amén" es una de las palabras más fuertes de la lengua hebrea. Significa "ciertamente, seguramente, inevitablemente, definitivamente, absolutamente". Significa: que así sea. Significa que está absolutamente seguro de que el reino de Dios nunca se derrumbará, que su poder nunca será vencido ni se agotará, y que su gloria nunca empalidecerá.

www.ingramcontent.com/pod-product-compliance
Lightning Source LLC
Chambersburg PA
CBHW052107070526
44584CB00017B/2374